How an Economy Grows
and
Why It Crashes

小岛经济学

鱼、美元和经济的故事

[美] 彼得·D.希夫（Peter D. Schiff）
安德鲁·J.希夫（Andrew J. Schiff）◎著
胡晓姣 吕靖纬 陈志超◎译

中信出版集团·北京

图书在版编目（CIP）数据

小岛经济学/（美）彼得·D.希夫，（美）安德鲁·J.希夫著；胡晓姣，吕靖纬，陈志超译. -- 3版. -- 北京：中信出版社，2017.3（2025.12重印）

书名原文：How An Economy Grows and Why It Crashes

ISBN 978-7-5086-7296-0

I. ①小… II. ①彼… ②安… ③胡… ④吕… ⑤陈… III. ①经济学－通俗读物 IV. ①F0–49

中国版本图书馆CIP数据核字（2017）第029320号

How An Economy Grows and Why It Crashes by Peter D. Schiff, Andrew J. Schiff, ISBN: 978–1–118–77027–6

小岛经济学

著　　者：[美]彼得·D. 希夫　安德鲁·J. 希夫

译　　者：胡晓姣　吕靖纬　陈志超

出版发行：中信出版集团股份有限公司

（北京市朝阳区东三环北路 27 号嘉铭中心　邮编　100020）

承 印 者：嘉业印刷（天津）有限公司

开　　本：880mm×1230mm　1/32　　印　　张：10.5　　字　　数：140 千字

版　　次：2017 年 3 月第 3 版　　印　　次：2025年12月第59次印刷

京权图字：01–2010–6301

书　　号：ISBN 978-7-5086-7296-0

定　　价：48.00 元

《小岛经济学》=《经济学原理》+

《经济学概论》+《国富论》！

沉闷枯燥的科学竟然如此通俗易懂，

上至 90 岁下至 9 岁都喜欢得不得了！

本书告诉你，经济学本身根本就不复杂，

是经济学家们的解释太复杂了！

千万读者惊呼：经济学竟然可以这样解释！

谨以此书献给我的父亲欧文·希夫及世界上所有给自己儿子讲故事的父亲，献给我的儿子斯宾塞及世界上所有将故事传给后代的儿子。

——彼得

谨以此书献给我的父亲欧文，感谢他的鞭策；献给埃伦，感谢她的体贴与支持；献给我的孩子伊桑和伊莉莎，感谢他们激发了我的热情和奇思妙想；献给我的妻子帕克斯顿，是她给了我温暖的家（也许有一天我们会有一个壁炉吧）。

——安德鲁

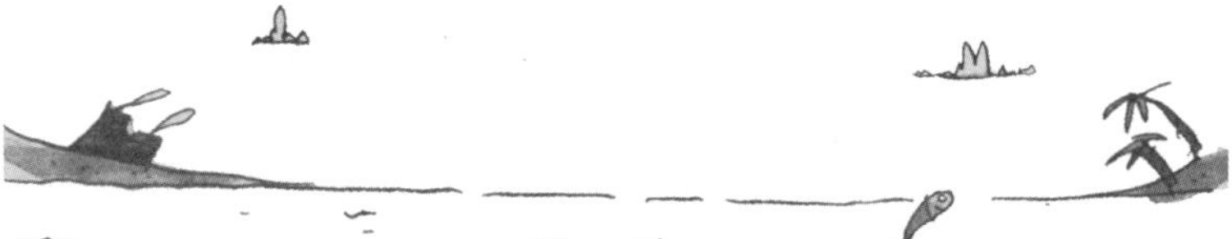

目 录

推荐序

小岛经济开启智慧之门

这是一本别具一格、引人入胜的经济学著作。

从小岛开始，一个个原本深奥的经济学原理便在一个个故事中生动地体现出来。随着故事层层思考下去，便会发现，尽管一些经济学的道理看起来越来越深入，却始终贴近我们的实际，并始终充满乐趣。

既能言简意赅地讲明道理，又保持着足够的吸引力，使得读者好像在一种魔力的吸引下享受阅读，是极难做到的，而彼得 · D. 希夫与安德鲁 · J. 希夫做到了，《小岛经济学》是一本难得一见的好书。

但如果将这本书仅仅看作经济学入门读物，我觉得有失公允，因为这本书对当下的很多经济现象做了深刻的剖析，并鲜明地表达了自己的观点。我喜欢这种鲜明的风格。我甚至认为，如果中国的经济政策制定者或执行者能够明白其中的一些道理，一定不会在诸如以庞大政府投资主导经济发展的道路上走得太远。

诚如作者所言，“凯恩斯主义允许政府摆出一副有能力提高生活水平的模样，只要印钞机运转，什么公开承诺都可以做。因为存有亲政府的倾向，凯恩斯主义者们比奥地利经济学派更有可能接受政府的最高经济任职”。

凯恩斯的主张为政府干预经济的做法找到了合理的理由和依据，却埋下了更大的隐患，因为它使经济自身的运行规律遭到破坏，使得市场的自我调节能力被扼杀。

当下的中国不正面临着这样的困境吗？不加息，流动性泛滥，通货膨胀必然日益严重；加息，由于不能对政府投资产生足够的影响力，反而加速了民营企业的大面积死亡，而这些企业所提供的商品恰恰是市场所需的。这意味着，当这些生产企业次第倒闭，供应减少，反而会加速中国的通货膨胀！

为什么会出现这种两难的局面？根源就在于，政府成为经济的主导者，成为经济发展的主角。这种困局只有当政府的职能从主导经济向提供公共服务的角色过渡以后，才能真正得以改变。

对经济的过度干预，是催生天量货币不断被滥发的根源。政府通过通货膨胀稀释民众的财富，通过悄悄盗用民众的财富满足所谓的经济干预计划，而这些计划无不是被种种动听的承诺包装着，尽管这些动听的承诺很少真正兑现。

政府为了使通货膨胀的理由变得生动可人，不断妖魔化通货紧缩："现代经济学错误地认为：消费促进经济增长，因而一旦发生通货紧缩，人们就不愿意消费（这样价格就会继续下降），而人们如果消费，价格下降的影响就会减弱。真是荒谬。"

是的，这是荒谬之极的理论，它甚至在常识面前都显得不堪一击：还有什么比让物价降低到一个更合理的水平对消费者更具有吸引力呢？

《小岛经济学》中讲述的一些基本道理，帮助我们回归常识。

无论是大规模经济还是小规模经济，所遵循的经济学原理是一样的。比如，投资建设，"只有在收益大于支出时，这种投资才有效益。反之，这些项目就是在浪费资源并会阻碍经济增长"。

但很多人似乎只看到了投资建设带来的毫无意义的虚幻的GDP（国内生产总值）数字，却没有看到这种高投资低回报甚至无回报的结果所带来的巨大的财富损耗。

从这个角度来看，《小岛经济学》讲述的故事其实与我们的生活息息相关。当我们倾听了这些故事，明白了这些故事背后的经济逻辑脉络，对于很多经济现象便一下子豁然开朗了。这或许正是《小岛经济学》的价值所在吧。

我曾经拜读过彼得 · D. 希夫的《美元大崩溃》（*Crash Proof*），对其大胆、明确、一针见血的风格非常欣赏。彼得 · D. 希夫与安德鲁 · J. 希夫合作的这本《小岛经济学》具有同样鲜明的风格。愿这部著作让更多的读者从中受益。

时寒冰

珍藏版序言

自《小岛经济学》一书问世以来，已有 4 年之久。4 年来，我们始终与读者保持交流，与他们探讨如何运用书中理论来稳定美国及其他国家持续动荡的经济，这也是本书写作的初衷。然而时至今日，我们仍旧觉得自己尚有未尽之言，未尽之责。

本书第 1 版写作手法幽默，内容浅显易懂，有关鱼的双关比喻也算生动，但在品质方面仍有所欠缺。另外，第 1 版也有造作之嫌，貌似我们想利用低廉的价格吸引那些对经济学原理不够了解的读者，以此获得庞大的读者市场。但现在，我们坚信许多忠实的读者正满心期待这本书有一个更加细致完善的新版本，更有许多读者可能会将本书作为礼物赠人，或者作为展示摆放在咖啡桌上，因此我们由衷地希望能将本书打造成馈赠佳品、阅读精品。

由此，我们决定推出本书的“珍藏版”。这个版本比第1版内容更丰富，也更翔实。我们对新版的扉页做了美化处理，在书中加入了一些新插图，纸张的质量也有了提高，比第1版更平整更光滑。在写作模式上，新版基本延续了第1版的故事书的形式，我们始终觉得这样的形式与本书的精神最为契合。上述只是本书包装上的改进，除此之外，我们还在内容上做了许多增补。

本书第1版问世之时，正值美国经济近乎完全崩溃一年之后。自那时起，形势已经有了明显好转。时至今日，我们不再整天报道低迷的GDP增长，房地产市场呈现回暖态势（一些市场的价格正以前所未有的速度攀升），股票市场不断创造历史新高，通货膨胀貌似又回到可控范围内，失业率也在稳步下降。但与此同时，大多数美国人对这些所谓的“经济复苏”并没有什么特别的好感。

随着通货膨胀的加剧，美国中等收入家庭在2013年8月的收入比2008年经济大萧条开始前还要低。当时越来越多的人面临失业，或者只能做兼职工作，然而他们真正想要的是一份全职工作。但那些新出现的全职工作，更多的是在低薪的零售业或服务业，而非待遇优厚的中产阶层岗位，这些岗位正日趋减少。今天的大学毕业生正面临着史上最为惨淡的就业前景，即便毕业时负债累累，他们也没有理由得到好的岗位。

在当下的美国社会，人们旅游和度假的花销越来越少，更多的工资都拿来买生活必需品（食物与能源）了。如今美国马路上飞驰的汽车，全都是老得不能再老的旧款式，曾经代表着美国经济实力的龙头城市底特律，如今也惨遭破产厄运。这一切，绝非偶然。

我们听到的总是经济正在复苏的消息，实际上却面临着令人失望的前景，所闻与现实之间根本就是天壤之别。这是因为在2008年金融危机之后，为避免承担更大的损失，联邦政府开始花费我们实际并没有的数万亿美元，美联储也开始实施一项名为“量化宽松”的新政策。这些政策已经成为实体经济的替代品。

10年前，除了在大学经济系之外，几乎没有人听过“量化宽松”这个名词；时至今日，这一政策已成为经济增长最重要的推手。众多投资者与财经新闻工作者近乎痴迷地紧跟联邦政府这一政策，就像14岁的校园女生追随着她们最爱的男孩乐队（Boy Band）一样。美联储主席本·伯南克仿佛已变身为加拿大流行音乐小天王贾斯汀·比伯（Justin Bieber），备受追捧。

然而，量化宽松不过是“印钞票”的一种花哨的委婉说法而已。自2010年起，美联储凭空印发了数万亿美元用来购买资产，包括政府支持的债券和抵押贷款债券。这些做法抬高了相关市场的价格，降低了长期利率。美联储正利用印钞机的力量创造一个经济复苏的假象。但这种创造出来的经济和作为其支撑的那些印刷的钞票一样，都是假象。在这种如履薄冰的健康假象之下，经济发展甚至比美联储采取补救措施之前还要惨不忍睹。

举例来说，在我们准备推出《小岛经济学》一书的新版本之际，美联储也在购买每月450亿美元的国债，占据了政府发行的所有债券的大部分。这一举措使得长期利率保持在较低水平，从而在某种程度上推动了经济发展。美联储鼓励公司和个人借贷，不支持他们储蓄。极低的利率也是近几年推动股票市场迅猛发展的主要原因。如果美联储停止购买债券，利率便会立即飙升，股票会暴跌，看上去健康的经济也会消失不见。

量化宽松政策对房地产行业的复兴也有直接的影响。美联储每月购买400亿美元的抵押贷款债券，实际上相当于已经认购了房地产市场。但美联储所购买的抵押贷款，是个人买家出于合理原因根本不愿意碰触的。房价仍然与收入高度相关，大多数买房者没有足够的储蓄来支付巨额的首付款。但政府的担保人只需要支付最低首付款，再加上有美联储提供的超低利率，支付相对轻松很多。假如没有这些支持，房地产市场毫无疑问会像2008年金融危机时一样崩溃失衡。

因此，量化宽松政策已经成为美国的经济命脉这一说法并不为过。但问题在于，这一政策诱惑性极大，最终会毒发不治。我们实现了基于量化宽松政策的人为经济复苏，这种复苏也只能与该政策同生共灭，并不能为真正的经济复苏奠定基础。

目前，主流经济学家都在讨论，在不损害经济发展的前提下，美联储会在何时、以怎样的方式摒弃量化宽松政策（即所谓的“退出策略”）。尽管多数人承认实施“退出策略”会遇到重重阻力，但他们仍然相信，手段高明的执行者会以极其灵敏精确的方式完成这项任务。这就好比一个古老的戏法：将桌布从一张摆满东西的桌子上猛地抽走，桌上的瓷器却纹丝不动。但这还不是美联储要表演的戏法。实际上，美联储要抽走的不是桌布，而是桌子本身。他们希望既能撤走桌子，又不让那张桌布和那些餐具掉落地上。

这就是我们认为当前经济已经陷入困境的理由。我们痴迷于量化宽松政策，却并不了解它，而经济学家期待的量化宽松“退出策略”则永远也不会出炉。这是一条不归路，只会带来更为严重的经济问题。

鉴于这些新情况的出现，《小岛经济学》的珍藏版增加了两个新章节——第十七章和第十八章——旨在揭秘量化宽松政策（以及欧洲债务危机的最新进展）。另外，我们还对全书做了几处编辑，同时还增加了部分奖励内容。希望新增的内容会使本书与我们当下所处的这个世界联系更加紧密。

希望你们能喜欢本书，并与那些需要回归理性的朋友们分享。

彼得 · D. 希夫与安德鲁 · J. 希夫

2013 年 9 月

序　言

在过去大约一个世纪的时间里，很多研究成果向人类呈现了科技进步的巨大成就，涵盖所有研究领域——只有一个领域除外。

凭借数学和物理这两大武器，科学家们将一艘宇宙飞船发射到距地球几亿公里[1]之外的土星的一颗卫星上。而“经营惨淡”的经济学界却找不到一个类似的成就。

如果美国国家航空航天局的工程师们具有与我们那些顶级经济学家相同的预测能力，“伽利略号”探测器的结局也许会截然不同。不但卫星会脱离其轨道，而且火箭在升空过程中转而向下俯冲的可能性极大，甚至有可能冲破地壳，冲到岩浆层去。

---

① 1公里=1千米。

2007年，当世界聚焦几十年来最大的一次经济灾难时，绝大多数经济学家并没有意识到棘手的问题已显露端倪。此后三年里经济一片混乱，经济学家们拿出的补救方案令大多数人瞠目：为了解决债务危机，我们必须负债更多；为了经济繁荣，我们必须花钱消费。过去他们缺乏远见，而今他们的解决方案又如此违背常识，究其原因，是因为几乎没有经济学家明白他们的学科如何发挥作用。

凯恩斯创造了许多被普遍接受的理论，其中就包括上述那些荒谬的建议。凯恩斯是20世纪早期非常有头脑的英国学者，但他却提出了一些非常愚蠢的理论来分析经济增长的原因。从根本上说，凯恩斯只不过是玩了一个聪明的把戏而已，他把一件简单的事情搞得极其复杂。

在凯恩斯的时代，物理学家们首次提出了量子力学的概念。量子力学是研究微观粒子运动规律的物理学分支学科，它认为宇宙是受两套截然不同的物理规则制约的：一套规则对极小的粒子产生作用，如质子和电子；另一套则对其他所有事物产生作用。也许是觉得经济学理论太枯燥，需要加点儿新鲜手法，于是凯恩斯提出了一个类似量子力学的经济学研究视角，创造了两套经济规律，一套作用于微观层面（与个人及家庭生活相关），另一套作用于宏观层面（与国家和政府相关）。

凯恩斯的理论提出时，适逢全球历史上最大规模的经济繁荣期即将结束。从经济角度来讲，19 世纪与 20 世纪早期西方世界的产能增长水平与生活水平都是空前的，而此次经济繁荣的中心就是实行自由资本主义的美国。美国的独特之处就在于，它维护个体权利、限制政府权力。

自由市场资本主义的本质就是权力分散，因此这一体制在全球大部分地区都对原有的僵化权力结构构成了威胁。此外，资本主义的扩张导致明显的贫富两极分化，促使一些社会学家和进步人士开始寻求他们眼中的公平正义，以取代自由市场资本主义体制。在这样的背景下，凯恩斯在看似不公平的市场经济中引入现代科学的概念。这种做法无意中迎合了国家权力中心和社会理想主义者的心态，使他们相信经济活动的确需要凯恩斯式的规划思路。

凯恩斯的核心观点是，在经济不景气时，政府可以通过扩大货币供给和财政赤字缓和自由市场的波动。

20 世纪二三十年代，凯恩斯的追随者（即凯恩斯主义者）们崭露头角，与支持路德维希·冯·米塞斯（Ludwig von Mises）等经济学家观点的奥地利经济学派产生了冲突。奥地利学派认为，经济衰退是经济繁荣期所做出的错误决定的必要补偿，经济迅猛发展过后必然会有一个相应的衰退期。他们认为，政府利用低利率“刺激”经济的做法向各个企业发出了错误的信号，这才是经济繁荣的首要原因。

因此，凯恩斯主义者力图缓解经济萧条，而奥地利学派则寻求避免虚假繁荣的途径。在两者随后的经济理论论战中，凯恩斯主义者有一个关键优势。

凯恩斯主义使人们以为可以拿出解决经济危机的无痛方案，因此立刻受到政治家们的追捧。凯恩斯倡导的各项政策承诺提高就业率，在税收不增加、政府服务不减少的前提下推动经济发展，这些政策与那些无须节食、无须运动的神奇减肥计划一样具有魔力。尽管这些愿望不合常理，但却令人颇感慰藉，因此成了竞选活动中惯用的手法。

凯恩斯主义允许政府摆出一副有能力提高人们生活水平的模样，只要印钞机开动起来，什么都可以做到。因为具有亲政府的倾向，凯恩斯主义者们比奥地利学派学者更有可能接受政府的任命。那些培养出数位金融大臣和财政部部长的大学的声望明显高于没有这些成就的大学，各大学经济系也不可避免地青睐那些支持凯恩斯主义的教授，而奥地利学派则不断受到排挤。

同样，那些大型金融机构和众多经济学家效力的大雇主也都对凯恩斯的主张青睐有加。大银行和投资公司利用凯恩斯主义者创造的低息贷款和宽松货币政策等经济条件，赚得盆满钵满。另外，凯恩斯主义者认为政府政策应当鼓励投资，这一理念也帮助金融公司把手伸进了很多头脑发热的投资者的钱袋。因此，这些金融公司更倾向于雇用那些支持凯恩斯主义的经济学家。

与呆板守旧的竞争对手相比，凯恩斯主义者有着明显的优势。于是，一个自我实现、相互吹捧的社会很快催生了一大批热衷于凯恩斯主义原则的顶级经济学家。

这些经济学家将凯恩斯政策奉为真理，认为它可以结束大萧条的局面。他们中的很多人认为，如果没有政府出台的刺激政策（包括第二次世界大战必需的军费），我们永远也无法从经济衰退的绝境中恢复元气。事实上，此次大萧条是现代历史上历时最长、程度最严重的一次经济衰退，凯恩斯政策在这次经济衰退中首次得到了全面而充分的运用。至于这些政府干预措施究竟是不是经济萧条得到遏制的原因，这个问题至今为止仍然充满争议，但是所有正统的“经济学家”都认为这种争论没有什么价值。

如果我们允许凯恩斯主义者们牢牢控制着多个经济部门、金融部门以及投资银行，那跟我们委托占星师而不是天文学家测量天体的运行速度是一样的。（是的，卫星曾经撞击过小行星，但那只是一次不期然的偶遇，是一次美丽的意外！）

这种情形让人哭笑不得的地方在于，无论经济学家们多少次彻底搞砸了自己的任务，无论有多少支火箭还没有离开发射台就爆炸了，这些责任重大的人物没有一个质疑过自己处理问题的方式。

普通人慢慢明白了，其实这些经济学家们根本不知道自己在说什么。但是大多数人只是想当然地认为这是因为经济领域的确太大了，并且充满风险，毫无逻辑可循，即便是受教育程度最高的人也不可能拥有预知一切的能力。

但是，如果我告诉你凯恩斯主义者们所推崇的经济二元性根本就不存在，会怎样？如果经济学比他们所说的简单得多，会怎样？如果对母鹅有益的东西对公鹅也一样，会怎样？如果一个家庭乃至一个国家不可能靠花钱实现繁荣，又会怎样？

很多人熟知我曾对2008年的经济衰退做过精准的预言，他们认为我的智慧决定了我的远见。我可以向你保证，大多数经济学家连自己身边的资产泡沫都看不到，而我并不比他们聪明。我具备的是对经济学基本原则全面而深刻的理解。

我的确具有这个优势。在我还是个孩子的时候，父亲就为我准备了一个简单的工具包，里面的工具可以帮助我认清经济的真实面目。这些工具以故事、寓言以及思想实验的形式出现，本书就是以其中一个故事为基础展开的。

我的父亲欧文 · 希夫（Irwin Schiff）拥有一定的知名度，与反对联邦所得税的全美运动有着千丝万缕的联系。他坚持认为所得税的强制实施违犯了美国宪法中与税收相关的三项条款、宪法第16修正案以及税收法律的有关规定，并在35年多的时间里持续不断地反对美国国税局的这一做法。他曾经就这个主题写过很多书，也曾在法庭上公开挑战联邦政府。因为这些举动，他付出了沉重的代价，直到86岁高龄时，他还被关押在联邦监狱中。

但是在将自己的关注点转向税收之前，欧文 · 希夫已经是一位颇有名气的经济学家了。

欧文 · 希夫于1928年出生于康涅狄格州纽黑文市一个下层

中产阶级家庭，是家中的第八个孩子。他的父亲是一名工会会员，整个大家庭都是“罗斯福新政”的狂热支持者。1946 年，欧文进入康涅狄格州州立大学学习经济学。以他的家庭背景和性格，没有人相信他会摒弃占统治地位的正统经济学观念，转而坚决支持过时的奥地利学派的观点——但是他却实实在在这样做了。

欧文总是有独到的想法，加上对自己充满信心，他总感觉自己所学的东西与现实生活有些脱节。他深入研究了所有经济理论，广泛涉猎了亨利 · 赫兹利特（Henry Hazlitt）与亨利 · 格雷迪 · 韦弗（Henry Grady Weaver）等自由思想家的著作。尽管欧文的转变是循序渐进的（经历了 1950~1960 年整整 10 年的时间），但他最终成为健全货币、有限政府、低税收和个人责任的狂热信仰者。1964 年，欧文满腔热情地支持巴里 · 戈德华特（Barry Goldwater）竞选美国总统。

在 1944 年的布雷顿森林会议上，美国说服了全球很多国家支持美元取代黄金的做法。由于美国保证 35 美元兑换 1 盎司黄金，这个计划得到了广泛赞同，美国也因此拥有了世界上 80% 的黄金。

然而，美联储中的凯恩斯主义者造成的长达 40 年的通货膨胀导致与美元直接挂钩的黄金价格严重下跌。这种错位的现象造成了众所周知的“黄金外流”。1965 年，由法国牵头，许多国家纷纷以美国联邦储备券（即美元）兑换黄金，以 1932 年的金价从美国手里买走了大量黄金，美国的黄金储备迅速减少。

1968 年，林登 · 约翰逊总统的几位经济顾问声称，那次黄金外流并非由低价出售的诱惑力所致，而是因为外国政府担心美国的黄金储备不足，无法支持本国所持有的流通货币，也无法与外币进行兑换。为解决这个令人焦虑的问题，约翰逊总统的众多金融专家纷纷献计，建议将法定用于支持本国美元的 25% 的黄金储备转为外国美元持有者的备用储备。他们认为，这项额外的保护措施将会安抚外国政府，阻止黄金的继续外流。当时的欧文只是康涅狄格州纽黑文市的一个年轻的生意人，他对政府这种做法十分不解，觉得他们的观点非常荒唐。

欧文给得克萨斯州的参议员约翰 · 托尔（John Tower）写了一封信，托尔当时是黄金问题评估委员会的成员。欧文在信中说，美国政府面临两种选择：要么强行摧毁现行的价格结构，将金价恢复到 1932 年的水平；要么调高金价，与 1968 年持平。换句话说，要调整凯恩斯主义导致的长达 40 年的通货膨胀，美国政府必须做出选择，要么紧缩通货，要么让美元贬值。

尽管欧文认为通货紧缩或许是重振美国经济最有效的做法，因为通货紧缩可以使美元恢复购买力，但他觉得经济学家们错误地将价格下滑当作灾难，而政府天生具有通货膨胀的偏好（本书将对此进行论述）。出于这些考虑，他认为当权者至少要承认此前的经济下滑，并且降低美元对黄金的价值。在这样一个方案中，欧文觉得黄金的价格必须达到每盎司105美元。

欧文还担心另外一种可能性更大也更危险的选择：政府不作为（其实这也正是政府的选择）。当时的选择是，究竟是面对现实解决问题，还是将问题留给下一代人。当权者选择了将问题留给下一代人，而我们就是那下一代人。

托尔对欧文论证问题的基本逻辑印象深刻，他邀请欧文为黄金问题评估委员会全体委员做报告。在这次听证会上，来自美联储、美国财政部以及国会的高级货币专家们都证实，与黄金脱钩将会增强美元的购买力，降低金价，引领美国进入一个繁荣发展的阶段。

在其证词中，欧文却坚持认为，美元与黄金脱钩会导致金价飞涨。更重要的是，他还警告说，一种没有任何内在价值的货币会导致大规模通货膨胀以及无法持续的政府负债。但在当时，这种少数派的意见完全被忽视了，美国政府取消了金本位制。

与经济学家们的预期相反，额外的储备未能阻止黄金的外流。最终，美国总统理查德·尼克松于1971年彻底切断了美元与黄金的联系。从此以后，全球经济体系完全建立在没有任何价值的美元之上。接下来的10年里，美国经历了史上最严重的通货膨胀，黄金价格直逼每盎司800美元的天价。

1972年，欧文在其著作中展开了对凯恩斯主义经济学的首次全力攻击。在书中，他指出凯恩斯经济学将美国引向了一条不可持续的经济发展之路。这部名为“最大的骗局：政府是怎样欺骗你的”（*The Biggest Con: How the Government Is Fleecing You*）的著作赢得了广泛的赞誉，销量也相当可观。书中有很多有趣的故事，其中有一个故事讲的是三个人在一座小岛上徒手捕鱼的事。

这个故事是欧文在一次全家自驾游时为了消磨时间讲的。当时堵车，欧文就想给两个年少的儿子讲点儿经济学的基本知识（任何男孩都会对此感兴趣）。为了让两个儿子开心，他总会讲些有意思的故事。这次讲的就是“鱼的故事”。

这个故事构成了《最大的骗局》一书中其中一章的主要内容。大约8年之后，由于众多读者反映非常喜欢他写的故事，欧文决定将这本书改版为有插图的书，并命名为“经济增长模式与停滞的原因”（*How an Economy Grows and Why It Doesn't*）。这本书于1979年首次发行，受到了奥地利学派追随者的狂热追捧。

30年后，我看着美国经济垂死挣扎，看着美国政府不断重复和加深过去的错误，此时，我的弟弟和我觉得要为新一代修改和更新“鱼的故事”，现在正是最佳时机。

当然，现在人们最需要的是了解经济的真实情况，而这个故事是我们所知道的最佳工具，它可以帮助人们更好地了解是什么在推动经济的运行。

我们这个版本的故事在很多方面比我们的父亲欧文30年前的那个版本更富有雄心。我们的视野更宽，为使故事与历史脉络衔接自然，我们付出了更大的努力。事实上，我们的故事应该说是在父亲那个故事基础上的即兴发挥。

听到经济学家们喋喋不休地谈论与现实生活看似毫无关联的概念时，有些人会不知所云。我们希望这本书能够吸引这些读者。我们打算证明凯恩斯主张的经济模式（政府相信没有价值的货币可以作为有效的经济润滑剂并不加证实地采纳了这个模式）是错误的，而且是危险的。

可惜，所有的经济学家都忘记了他们正戴着玫瑰色眼镜。当你摘下他们的眼镜时，就会清晰地看到我们的国家正面临着很多严重的问题，而我们非但没有使形势好转，反而使它变得更加糟糕。幸运的是，如果我们重新理清思路，我们至少还有机会努力解决这些问题。

本书的主题非常严肃，但在这个压力巨大的时代，我们选择了一种幽默的方法阐释这个主题——这也是我们的父亲欧文的愿望。

写在前面

在这个关于美国经济史的寓言故事中，读者会遇到很多似曾相识的人物与事件。但是，要将这样一个错综复杂的故事浓缩为一部漫画式作品，只能进行粗线条的描述。

除了特定历史人物的辉煌成就之外，故事中的人物代表着更宽泛的概念。例如，本·伯南柯的原型很明显是美联储主席本·伯南克（Ben Bernanke），但故事中伯南柯的所作所为却不是单纯指伯南克本人的做法，他其实是所有主张高通货膨胀率的经济学家的代表。

在现实生活中，美国联邦储备券在富兰克林·罗斯福当选总统前 20 年就已经出现了。但考虑到他有花钱的嗜好，于是我们决定将这一创新归功于他；当美国参议院银行委员会前主席克里斯·多德（Chris Dodd）还是个孩子的时候，房利美（联邦国民抵押贷款协会）就已经存在了，但是因为他多年来对该公司的扶持，在我们的故事里，我们赋予他公司创始人的身份。还有，尽管本书提到的那些外国岛屿基本上都与真实的国家相关，但这些岛屿也是所有国家的化身。我们对某些历史事件及人物经历进行了艺术处理，请您多多包涵。

第一章

一个好点子出炉了

HOW AN ECONOMY GROWS AND WHY IT CRASHES

从前，有三个人——艾伯、贝克和查理，他们住在一座岛上。这座小岛地处热带，却不是天堂。这里的人们生活艰苦，没有任何奢侈品，而且食物的种类极少，他们的菜单上只有一道菜：鱼。

幸运的是，小岛周围有数量可观的鱼，但奇怪的是，这些鱼全部属于同一品种，每条鱼都很大，足够一个人吃一天。然而，这个地方很闭塞，人类先进的捕鱼技术这里一种都没有。他们能做的只有跳进水里，用手去抓住那些又黏又滑的家伙。

运用这种低效的技术，每人每天只能捕到一条鱼，只能帮他们挨到第二天。捕鱼成了小岛经济的全部。他们每天的活动就是醒来、捕鱼、吃鱼、睡觉。虽然生活不算惬意，但总好过忍饥挨饿。

因此，在这座生活超级简单、只有生鱼片可吃的小岛上——

没有存款！

没有借贷！

没有投资！

所有的产出全都消费掉了！没有未雨绸缪，没有多余的财物可以借出。

虽然这座小岛上的居民过着一种原始的生活，但这并不能说明他们愚笨迟钝或者没有追求。与所有人一样，艾伯、贝克和查理也想提高自己的生活水平，但是要实现这个梦想，他们每人每天捕鱼的数量就必须超过一条。不幸的是，由于他们只能徒手捕鱼，而那些鱼又很机敏狡猾，三个人只能勉强糊口。

一天夜里，仰望着繁星点点的夜空，艾伯开始思索自己生活的意义……“难道我的日子就这样了吗？肯定有比现在更舒心的日子。”

除了捕鱼，艾伯还想做点儿别的事情。他想做几件更好、更时尚的棕榈叶衣服，他想要一个遮风挡雨的住所，当然他还想执导几部故事片。但他每天忙于捕鱼糊口，这些梦想如何成真呢？

他的大脑飞快运转着……突然他想到了捕鱼器，这个物件可以在很大程度上扩大人手可触及的范围，并且使鱼溜掉的概率大大缩小，只要一下捉住它，它就很难逃脱。有了这个新装置，他就能在较短的时间里捕到更多的鱼了！而那些空闲时间，

他就可以用来做更好的衣服、建个住所，最后再拍部影片。

艾伯在头脑中勾勒着捕鱼器的轮廓，想着想着就激情澎湃。他构想出一个不再受捕鱼之累的未来。

他决定给自己的捕鱼器取个名字，叫作“渔网”，然后开始找材料织这张网。

第二天，贝克和查理注意到艾伯没有捕鱼，而是站在沙滩上用棕榈树皮搓绳子。“你在干什么呢？”贝克问，“难道在减肥吗？你要是老坐在那儿弄那些绳子，会挨饿的啊。”

艾伯解释说："我突然有个灵感，想做个捕鱼器，这样就可以尝试捕鱼的新方法了。有了这个捕鱼器，捕鱼的时间就能缩短，再也不会挨饿了。"

查理惊得眼珠直转，他想自己的朋友肯定是疯了。"你疯了，这样做，我告诉你……疯了。要是你这捕鱼器不好使，可别哭着来跟我要鱼吃，一片也别想。我头脑清醒，但这并不表示我会为你的疯狂做法埋单。"

艾伯没有被查理的话吓倒，仍然继续织网。

到这一天结束时，艾伯终于织完了自己的渔网。通过自我牺牲（挨饿），他创造了资本。

故事引申

在这个简单的任务中，艾伯向我们展示了一个基本的经济原则，这个原则可以提高人们的生活水平：消费不足，敢于冒险！

消费不足：为了织网，艾伯那天就不能去捕鱼。他必须放弃当天的所得，放弃那条本来可以捕到、吃到的鱼。他这样做并不是因为他不需要鱼，事实上，他爱吃鱼，而且如果那天没有捕到鱼，他就会饿肚子。他对鱼的需求与他的两个朋友没有什么不同。他选择暂时延迟消费（吃鱼），是为了将来消费更多的产品（捕到更多的鱼）。

冒险： 除了消费不足，艾伯还需要冒险，因为他也不知道自己做的捕鱼器到底好不好用。自己花费了一天的时间饿着肚子辛苦劳动，却不知道这东西究竟能不能补偿所失。最后的结果很可能只剩一把绳子和一个饿瘪的胃。如果这个想法失败了，艾伯不能指望贝克和查理给自己任何补偿，因为他俩早就警告过他这样做很傻。

在经济学术语中，资本指的是一种设备，这种设备的建设和使用本身没有什么意义，其意义在于利用设备建设和制造其他需要的东西。艾伯想要的不是那张网，而是鱼。这张网或许可以给他带来更多的鱼。因此，这张网就是一种资本，是有价值的。

那天晚上，当贝克和查理吃饱睡大觉时，艾伯却只能在脑海中想象着美味的鱼肉来对抗难忍的饥饿。然而，饥饿带来的痛苦并不能浇灭他对未来的希望。他希望自己的选择是正确的，希望自己有一个光明的未来，希望那时有吃不完的鱼。

第二天，贝克和查理对艾伯的发明好一顿嘲笑。

贝克说："嘿，这顶帽子看上去不赖啊。"

查理说："就是戴着打网球有点儿热，你说呢？"

"你们就笑吧！"艾伯回应道，"等着瞧吧，等我的鱼多得没处放时，看看那时笑的是谁。"

艾伯拿着渔网朝海浪冲去。他对如何使用这个奇怪的渔网还不得要领，因此不断遭到两个朋友的嘲笑。

但是几分钟后，他找到了窍门，很快就捕到一条鱼。

贝克和查理不再笑了。在接下来的一小时里，艾伯又捕到了

第二条鱼。两个伙伴惊叹不已，毕竟，他们通常一整天才能抓住一条鱼！

从这样一个简单的行动开始，这座小岛上的经济开始发生巨大的变化。艾伯提高了生产力，这对每个人而言都是好事。

艾伯现在还在考虑他突然间得到的恩惠：“既然我一天捕到的鱼可以吃两天，那么我可以利用隔天休息的时间做点儿别的事情。可做的事情太多啦！”

故事引申

艾伯的生产力提高了一倍，现在他生产的东西多于自己需要消费的东西。生产力的提高带来了许多益处。

在艾伯孤注一掷去编织渔网之前，小岛上还没有什么储蓄之所。他决定冒险挨饿制造的这张网成了小岛上的第一件资本设备。这件设备接着会带来储蓄（为了让这个故事能够继续进行，我们假设这些鱼不会腐烂变质），而这种剩余产品就是健康经济的命脉。

现实链接

对所有物种而言（人类除外），经济学其实可以简单理解为日常生存活动。食物短缺、天气恶劣、食肉动物的威胁、疾病的困扰、发明相对较少、忍饥挨饿地活着（有一点儿剩余时间进行再生产），这是所有动物的生存常态。所幸我们人类拥有两样东西——我们的大脑和灵巧的双手，否则我们的命运跟那些动物不会有什么分别（在不太久远的过去，我们跟它们是一样的）。靠着大脑和灵巧的双手，我们制造了工具和机器，改造环境的能力大大提高。

经济学家托马斯 · 伍兹（Thomas Woods）喜欢用一个简单的思想实验测试学生：如果所有的机器和工具都不复存在，我们的经济会是什么样子？汽车、拖拉机、炼钢炉、铲子、独轮（手推）车、锯、斧头、长矛等，如果这些东西真的全都消失了，我们所有的消费品都要靠自己的双手猎取、采摘、种植和制作，那会是什么样子？

毫无疑问，那样的生活肯定很艰苦。如果我们必须赤手空拳地制服猎物、将其作为食物的话，想象一下那该有多艰难吧。以我们的能力根本不可能逮住大家伙，兔子或许还有可能——但你总得先抓住它们啊。如果我们必须用手种菜、摘菜，如果我们连装粮食的麻袋都没有的话，又会怎样？设想一下，如果没有工厂，我们必须自己缝衣服、做家具，而且连最起码的剪刀和钉子都没有，那又会怎样？

尽管我们有智慧，但我们过得可能并不比黑猩猩和猿猴好多少，至少从经济方面来看是这样。

工具改变了一切，使经济的出现成为可能。长矛帮助我们捕获猎物，铲子帮助我们种植庄稼，渔网帮助我们捕鱼。这些工具提高了我们的劳动效率。我们生产的东西越多，可以消费的东西就越多，我们的生活也就变得越美好。

努力使有限的资源（每种资源都是有限的）产生最大的效益以尽可能满足人类的需求，这就是经济这一概念最简单的定义。工具、资本以及创新是实现这一目标的关键。

牢记这一点，我们就很容易理解经济增长的原因：找到了生产人类所需物品的更好方式。不管一个经济体最后变得多么强大，这个原因是不会改变的。

第二章

把财富分享给别人

HOW AN ECONOMY GROWS AND WHY IT CRASHES

艾伯，那个企业家，看起来前途一片光明。但是，小岛上另外两个人的情况又如何呢？我们是不是创造了一个贫富分化的等级体系？贝克和查理会因为艾伯的成功而不安吗？不大可能。虽然艾伯从来没有刻意使他人受益，但他的资本无疑帮助了岛上的所有人。我们来看看这是怎么回事。

亲眼见证了艾伯轻松捕鱼的全过程，贝克和查理央求他分享新发明的捕鱼器。

“嘿，艾伯！”查理说，“既然那玩意儿你隔天才用一次，那你不用的那天，让我用用行吧？”

贝克说：“喂，老兄，有福同享啊。”

但是艾伯还对昨天的事情耿耿于怀。他还记得自己的牺牲……他还记得他们俩的嘲讽，而且他还想到了风险。“如果他们把我的渔网弄破了怎么办？如果他们不还我怎么办？那我就要从头再来了。再见，穿树叶的哥们儿！”

想到这些，艾伯拒绝了两人的要求。“对不起，哥们儿。我自己做了渔网，你们俩肯定也能自己做，至少你们现在知道那东西是有用的，对吧！”

尽管查理已经看到用渔网捕鱼的效率，但他很担心自己能不能编织出这样一张网。

他对艾伯说：“我怎么知道自己能不能编织出来？我以前从来没做过这样的东西，而且我也挨不了饿。我怕自己织好网前就饿死了！”

贝克提出了另外一个建议："好吧，你这个吝啬鬼，看来你是不会帮我们什么忙了。我们知道了。你看这样行不行，我们编织渔网时，你把富余的鱼借给我们吃，那样我们织网时就不用挨饿了。等我们捕到多余的鱼，再把鱼如数还给你。"

尽管艾伯觉得这个办法比白白把网借给他们要好，但他还是不放心。"如果我把鱼借给你们，怎么保证你们不会躺在沙滩上一整天都不干活呢？即使你们织出自己的网来，也许还不好用呢。如果那样，你们就永远无法还我鱼了，而我失去了自己的储蓄，一无所有了！你们总得想一个更好的办法。"

查理和贝克这才明白，他们让艾伯冒险把鱼借给自己，却没有考虑到他的个人利益。但是捕到更多鱼的诱惑太大了，所以两人很快就想到了一个办法，让艾伯忍不住冒险一试。

他们认为必须在数字上做文章，于是金融思维诞生了！

贝克走近艾伯，说道："我们做个约定吧：你借给我们一条鱼，我们会还你两条。这可是百分之百的利润啊。除了这座小岛，你到哪儿能找到这样的高回报？"

艾伯动心了。“我对这个约定很感兴趣！”他的语气中没有任何迟疑。

艾伯想到了那些财富：“如果我借给他们两条鱼，就能收回4条。也就是说，我什么都不用做就可以得到两条鱼。那我岂不成了一个鱼老板啦！”

也许有些人觉得艾伯有些过分了。如果这个故事是一部好莱坞电影，他这时肯定会得意地捻着自己打了蜡的胡子。他这是在窃取别人的劳动成果，靠别人的辛苦劳动获利！

但是这样评论艾伯是不恰当的，因为即便艾伯的动机只是想赚些鱼，他的贪婪也可能带来一些意想不到的益处。

有一点很重要，我们要知道艾伯并不是一定要把鱼借给别人，他还有其他方案，包括以下 4 个选择：

1. 他可以把鱼留下，留着自己以后吃——这是最保险的选择。这样，他不会有任何损失，当然，他的储蓄也不会有什么增长。

2. 他可以放纵一下，不再干活，将自己的储蓄（存下的鱼）消费掉。

3. 他可以建立自己的渔网出租公司。如果艾伯每天吃掉一条富余的鱼，两天就可以再编织出两张网。

然后，他可以把多余的网租给贝克和查理，向他们收取每人每天半条鱼的租金。这样，艾伯每天不必亲自捕鱼就可以得到生存所需的那条鱼了。哈哈，提前退休！

在这个方案中，贝克和查理每天也许能用租来的渔网捕到两条鱼。在向艾伯支付半条鱼的租金之后，他们每人每天还剩下一条半鱼，比他们没有渔网时捕到的鱼多50%，算是双赢的买卖了。

尽管这个方案很吸引人，艾伯还是注意到了其中的逻辑缺陷。贝克和查理租借渔网的时间可能只有两天，然后用富余的鱼果腹，花一天时间织出自己的网。如此一来，他能得到的鱼就只有两条——那可真够冒险的！

4. 他可以把两条鱼借给贝克和查理，收取 100% 的利息。在这个方案中，如果两个人按照约定利率足额偿还，艾伯就可以得到 4 条鱼。但是，这个方案也存在风险，他们可能会翻脸不认账。

抉择……抉择……艰难的抉择！

总的来说，艾伯（以及这个社会）处理储蓄（鱼）的方式只有 5 种：

1. 他可以把储蓄存起来。

2. 他可以把储蓄消费掉。

3. 他可以把储蓄借出去。

4. 他可以用储蓄投资。

5. 他可以将上述 4 个方式有机结合起来。

毫无疑问，艾伯的最终决定取决于个人对风险和回报的偏好。但不管最终方案是什么，他的抉择都会惠及这座小岛的经济，而且也不会给自己的两个邻居增加负担。

最后，艾伯选择把鱼借出去。

故事引申

艾伯愿意并有能力把多余的鱼借给别人，因此，贝克和查理也拥有了自己的渔网。现在大家都有渔网可用了，小岛上的整体捕鱼能力便从每天三条鱼提高到每天 6 条鱼，经济增长翻番，前景更加光明。

但事实并非如此，因为这三个人对自己颇具局限性的生活方式感到不满。饥饿（其经济术语为“需求”）只是刺激经济增长的必要而非充分条件。

追求更多是人类的本性。不管已经拥有什么，我们总是想要更多。也许不是想要更多的东西，而是更多的时间、更多的乐趣、更多的选择，所有这些需求都需要资本。艾伯、贝克和查理这些年来对鱼的问题可能都没少抱怨，但他们最后都成功地提高了生产力，满足了自己的需求。

有了多余的鱼，小岛上的几位居民每天终于可以比原来多吃一些鱼了（原来是每天一条鱼），但是经济并没有增长，因为他们的消费增长了。而他们的消费之所以增长，是因为经济增长了。这个道理很简单，但令人不解的是现代经济学家竟然会在这个简单的问题上纠缠不休。

大多数经济学家认为，给老百姓更多的钱花就可以增加需求，但是这种做法并不能改变真正的需求，只会使人们花更多的钱购买已经生产出来的商品。只有增加供给才能切实满足人们更多的需求。

当然，有人也许并没有清楚地看到其中的共同利益。看到艾伯猛增的财富，如果贝克和查理心生嫉妒，强烈要求分得他的部分储蓄该怎么办？

设想一下这个场景：

贝克烦躁地说："看看那家伙穿着棕榈叶做成的小礼服那副得意的样子。我们每天一身臭汗风里来浪里去地跟那些滑头的鱼斗争，他却没有一点儿善心！他就不能分给我一两条鱼，哪怕让我休息一天也好啊！他的鱼多得堆成山，少一条也没什么啊！"

查理附和道："分给我点儿吧，贵人！"

或者再想一下下面这个场景：

假设艾伯对自己的相对财富有些负罪感，听了两个人的说法后思想动摇了，于是无偿地把鱼分给了他们，那么贝克和查理会怎样处理这些鱼呢？

没有了还款的压力，两个人最有可能做的是利用这份礼物享受闲暇时光。这样做并没有什么错（事实上，这也是大多数人类行为的目标），但是贝克和查理的假日时光并不能提高这座小岛的生产能力。因此，尽管慈善之举听起来颇有雅量，也会提升艾伯的人气，但这一举动却无法像商业贷款一样推动经济发展。

最根本的是，所有能够增加捕鱼（生产）量的事物都会惠及小岛，鱼越多，大家就越有可能吃到更多东西，也就越有可能做捕鱼以外的事情，或者他们可以什么都不做。

故事引申

也许有人会想，如果艾伯果真是一个贪心的人，拿着自己的新财富生财，从而变得越来越富有，那该怎么办？

这样真的很危险吗？如果艾伯增加储蓄（而不需要亲自劳动）的唯一途径就是将这些储蓄借给自己的邻居的话，那他又何必大量囤积呢？

但若非如此，他的财产就不会增加，甚至还会越来越少，因为他自己还要消费呢！私人资本主义可以促使那些将个人利益作为唯一动机的人帮助他人提高生活水平，这是最有意义的。

现实链接

财富从来就是一个相对的概念。在原始社会，财富是极少的，那时最富有的人所拥有的物质财富还不如工业化社会中穷人的财富多。在中世纪，即便是至高无上的国王也缺乏基础的娱乐设施，而在今天的美国，中央空调、室内管网以及冬天里新鲜的蔬菜等几乎是人人都能享受的。尽管贝克和查理认为每天吃两条鱼简直奢侈到了极点，可在我们看来，这种生活丝毫不值得羡慕。

但是令人吃惊的是，财富是分等级的，这个事实本身就不公平。人们认为富人之所以富有，是因为他们攫取别人的财富，并由此产生了穷人。在现代经济学中有一个理论认为，利润是通过少付工人工资产生的，有人称之为“劳动价值论”。这样看来，像艾伯这样的企业家或类似的大型公司要想致富，只能先让别人变穷。

上述理念与道德取舍息息相关，但与现实无甚关联。富人致富的原因（至少开始时）是他们为他人提供了有价值的东西。艾伯就为那些没有足够储蓄的人提供了储蓄。如果他赢利了，那也是因为他提供的服务对别人是有价值的。

如果艾伯是一个无赖，每天所做的就是窃取邻居一半的劳动成果，那么他的财富就是建立在那些受其压迫的人的贫穷的基础之上的。这种做法会迫使他人做一些损害自己利益的事情，不会增强这座小岛的整体生产能力。艾伯可能会直接拿走别人生产的东西，而岛上的产量并没有任何变化，不仅如此，他们的整体产能还可能下降。当被压迫阶级认识到自己的劳动果实被人偷走时，就会缩减自己的劳动量。

历史上，此类事例并不少见，奴隶制、农奴制以及佃农制都属于这一类型。当自身的利益受到损害时，劳动者就会奋起反抗压迫，如果他们的劳动惠及自身的话，这种反抗会更加强烈。

不幸的是，争取充分经济自由的实例在世界历史上还很鲜见。不过，一旦利己主义得到发展机会，生产能力就会迅速提高。

信用卡的使用就是经济自由惠及百姓的最佳例证。只要贷款人和借款人可以自由地达成协议，总体效果就是好的。然而，我们将来会发现，借贷市场会受到外力挤压，如果出现这种情况，灾难便在所难免了。

第三章

信用卡的多种用途

HOW AN ECONOMY GROWS AND WHY IT CRASHES

如前所述，艾伯决定把鱼借给贝克和查理，这样他们两个人就可以编织渔网了。这种商业贷款是资本的最佳用途，因为这样可以扩大生产。

当然，通过借钱或借鱼的做法创业，无法保证企业一定会成功，因为借款人可能无法完全实现自己最初的计划。

也就是说，查理和贝克如果不能成功地编织出自己的渔网，艾伯借出的鱼就打了水漂。

在很多案例中，企业失败的原因在于没有意识到事先应当做好所有约定。假设贝克和查理不是向艾伯借鱼、省出时间来织网，而是利用这些时间研发对鱼群实施催眠术的技术，情况可能会大不相同。

如果他们研发的技术无效，这项贷款就无法使“借款人”查理和贝克受益，而贷款人艾伯也得不到任何好处。

最糟糕的情况是，贷给不赢利企业的那些款项浪费了社会储蓄，降低了生产力。结果，贷款人连本金都很难收回，更不要说利息了。

但是实施顺利的商业计划弥补了那些实施不利的计划的损失。

因此，很重要的一点是，你要知道商业贷款并非社会储蓄的唯一选择，艾伯还可以选择其他贷款形式——消费贷款和应急贷款。

故事引申

一旦外部力量（比如政府干预）以各种理由鼓励或者要求储蓄者借出款项，而不考虑实际还款的可能性，这时贷款人就难免要承受较大的损失。这种有悖常规的做法只会浪费社会储蓄。

各国政府满腔热情要做点儿好事，总想干预储蓄的借贷方式。它们通过诸多法律，使得某些贷款类型比其他类型更有吸引力。但是，政府并没有储蓄，只有个人才有！假如在政府的激励之下，贷款都流向了那些最终无法还款的个人或者企业（它们的确经常无力还款），那么这些损失就要由那些牺牲了自己的利益创造储蓄的个人来承担了！

事实上，如果艾伯是被迫向外贷款，而他又认为这份贷款颇有风险，比如用于鱼类催眠术之类的情况，那么他一开始就会很不情愿这样做。因此，他可能会决定不再那么努力地工作，或者不再牺牲那么多去储蓄了！

消费贷款

假设艾伯不是把鱼借给贝克和查理，让他们去织自己的网，而是满足两人的借款需求，他们因此可以去度假，情况就会有所不同。

贝克会说："嘿，捕鱼大王，你别在那儿数鱼了，还是借几条鱼给我和我的兄弟查理，我们一两天就还你。不是只有你一个人有权享受悠闲的生活，再说，我们又不是不还你。"

“天地良心，我知道捕鱼是件多么辛苦的事。”艾伯答道，“但是别忘了，如果我借给你们一条鱼，你们还是要还我两条，补偿我承担的风险。”

“小事一桩，鱼王！”查理接茬儿道，“假期过后我们就休息好了，就能比以前捕更多的鱼，我们会连本带利还你的。”

但是，如果贝克和查理不提高自己的生产能力，他们又怎么能连本带利地归还贷款呢？在休息几天之后，他们还是每天只能捕到一条鱼。为了还艾伯的鱼，他们以后每天就要减少自己的食量。为了偿还贷款，他们将不得不降低自己的生活水平！

艾伯知道很可能会出现这个结果，于是试着跟他们商量：“我说伙计们，你们为什么要现在借鱼，将来又饿着肚子还鱼呢？其实你们可以现在做些牺牲，挨一天饿，给自己织张网。这样将来就有保障了，随便什么时候想歇着就歇着，那样多好。”

“听着！”贝克和查理说道，“别说这些假仁假义的废话了，快把鱼给我们拿来！”

艾伯应该拒绝贷款给他们，因为这笔交易不仅会让他的储蓄承担不必要的风险，而且会导致他的资本无法产生更多的生产性贷款。如果艾伯承受住他们的冷嘲热讽，就相当于规避了未来的风险，因为消费贷款如果不能提高产能的话，这笔贷款无论是对贷款人还是借款人来说都是一种负担。

应急贷款

事实证明，艾伯拒绝贷款给贝克和查理作为“假期”（消费）之用是极其明智的。一周之后，两人都生了一种奇怪的水痘，双双病倒，一个星期都没能去捕鱼。

现在出现了紧急情况，艾伯可以从自己的储蓄（鱼）中拿出一部分作为困难生活贷款。贝克和查理可以先吃借来的鱼，等身体恢复了再出去捕鱼。尽管艾伯很清楚这次的“贷款”血本无归的可能性很大，但他知道，如果不贷款给他们，风险更高。与消费贷款不同，如果艾伯不向贝克和查理提供这份应急贷款，两人

很可能会丧命。如果真的发生这种情况，这座小岛就失去生产能力了。

如果艾伯之前已经将自己的储蓄作为没有收益的消费贷款借出的话，这次就无法拿出这份应急贷款了。

事实上，在社会生死攸关之时，储蓄便显得至关重要。

故事引申

遇到经济可能收紧的情况时，政治家和银行家常会讨论是否需要“扩大信贷”，增加可以借出的贷款数额。但是是否可以随心所欲地这样做呢？在我们这些捕鱼的朋友的案例中，艾伯合法地借出的鱼不会多于自己所储存的鱼，这座小岛的贷款总额会受到岛上所储存的鱼总量的制约。

现实链接

不幸的是，为了开展许多政治家和社会理论家眼中的有益活动，政府总会通过各种形式干预储蓄的配置，包括政府贷款担保、公司及个人税收减免以及税务罚款等。

有了这些干预手段，个人与企业也许更愿意申请某些类型的贷款，而银行也更愿意批准这些类型的贷款。于是，更多的社会资源便会投入这些受欢迎的活动中，比如住房建设、大学教育以及太阳能电池板的生产。

这些政策的关键推动因素就是认为政府规划者要比储蓄者更清楚什么有利于社会发展的观念。但是，并没有证据表明事实就是这样。实际上，历史上充斥着各种浮夸的政策与方案，这些方案都是政府智囊团策划的，最终全都没有兑现它们的诺言。

更重要的是，政府介入储蓄者和借款人之间采取的强制手段将借款的原因与结果割裂开来，使得储蓄的分配效率极为低下。

影响个体贷款人的往往是贷款的财务结果，而不是基本活动的政治象征意义。而那些遵循成功模式并由业绩记录良好的所有者经营的企业，还贷率往往较高。因此，这种类型的企业规划更容易吸引贷款人。这与达尔文的观点相似，即自然选择催生了生命力更强的物种，这种借贷原则催生出更加健康的企业和更加强劲的经济。

如果财务状况被视为次要因素，这种情况也就不存在了。贷给个人或者企业的款项如果无法成功促成必要的创新或者提高产能，就会浪费储蓄的供给，削弱整体经济。

但我们在本书后面的内容中会发现，不断扩大货币供应量的做法以及政府看似无限的负债能力掩盖了一个事实——实际信贷是受有限储备制约的。

现在，人们都认为信贷市场的有效运作所需要的就是有意愿的借款人。然而，与其他资源一样，在发放贷款前必须先积累储蓄才行。

第四章

经济到底是如何发展的

HOW AN ECONOMY GROWS AND WHY IT CRASHES

几周之后，艾伯、贝克和查理凭借新织的网迅速捕到了大量的鱼，他们开始每天捕两条鱼。因为每人每天只需吃一条鱼，岛上的储蓄很快开始膨胀。尽管他们偶尔决定挥霍一下，一天吃两条鱼，但是在大多数情况下他们对自己的劳动成果非常节省。

小岛上的三位居民从天天捕鱼的日子中解脱出来，终于得闲去参加其他有创意、有意思的活动了。艾伯可以花些时间设计和制造更实用也更漂亮的棕榈叶服装；贝克采摘椰子，丰富了食谱，也提升了厨艺；查理则盖起了小岛上的第一座小茅屋。

三个人的日子过得很顺心，但是贝克认为他们还可以过得更好。他说："既然我们可以用渔网扩大生产，那为什么不能更进一步形成产业呢？"他开始想象制造一件更大更好的资本设备。

他草拟出一种结构复杂的捕鱼器的生产计划，这个捕鱼器将彻底改变这座小岛的经济。这个发明是一个巨大的水下巨型捕鱼器，有一个单向的门，不管白天还是晚上都可以不间断地捕鱼。是的，鱼可以进来，但是出不去。如果这个巨型捕鱼器管用，他们就再也不用亲自捕鱼了。

但是，贝克很快发现，单凭他自己的力量根本无法完成这样一项复杂的工程。考虑到必需的材料、编织网、搭架子、建造等一系列工程实施问题，贝克认为只靠他一个人的储蓄、体力和才智根本不可能完成这样一项巨大的工程。

考虑到这些问题，贝克决定提议创立一家合伙公司，即三个人共创一家公司，克服暂时的困难，集中他们所有的储蓄，拿出整整一周的时间建造这个巨型捕鱼器。

听了贝克的计划后，他们开始讨论其中的潜在风险。跟艾伯的第一张网一样，没有人能保证这个计划一定能成功。即便计划成功，那个新发明的玩意儿第一次入海时也很有可能被海浪冲得支离破碎。而且这一次他们的风险可不是损失一条鱼，而是20多条！

然而，他们对更多鱼的需求最终战胜了对失去全部储蓄的担忧。

三个人向着目标前进。

经过一番艰苦卓绝的努力，他们成功地建成了小岛上第一个巨型捕鱼器。这个设备果然不负众望，平均每周能捕到20条鱼，而且毫不费力。除了几次小修小补和维护之外，这个捕鱼器几乎是在自动工作。很快，三人便拥有了大量的鱼。

由于生产力的提高，岛上的储蓄迅速增加，于是三人很快又建了一个巨型捕鱼器。

现在，有了这么多鱼，他们就能腾出时间实施其他计划了。

查理制作了一块冲浪板，开创了一项很酷的新式休闲活动。

艾伯创立了一家服装公司，不仅可以为自己制作衣服，还可以为所有想改变形象的小岛居民提供服饰。在业余时间里，艾伯还开始策划自己一个人的舞台剧。

贝克则利用自己的空闲时间考虑小岛上恼人的交通问题，开始设计岛上的第一条独木舟和第一辆手推车。

这些丰富的活动说明了人类社会在农业发展之后所发生的变化。只有当我们能够生产出额外的食物时，我们才有时间做其他事情。

故事引申

储蓄不只是提高个人消费能力的手段，还是防止经济受到意外因素影响的重要缓冲器。

如果一场季风横扫小岛，把两个巨型捕鱼器摧毁了，他们该怎么办？尽管很多当代经济学家将自然灾害视为经济的刺激因素，但实际上洪灾、火灾、飓风和地震等灾害会破坏财富，降低生活水平。如果巨型捕鱼器被彻底毁掉了，小岛上的捕鱼量就会下降，那么艾伯、贝克和查理就又要忍饥挨饿地储蓄鱼以重建资产了。

但是，请记住，一笔备用的储蓄会防止经济崩溃，可以迅速重建受损的资产。艾伯、贝克和查理三人继续缩减消费进行储蓄的做法非常重要，此乃未雨绸缪之举。

现实链接

过去，美国以储蓄大国而著称。在历史上，美国居民每年都会将收入的10%甚至更多储蓄起来。这种严格自律的做法帮助美国建立了巨大的储蓄供应，为不断推进的工业活动提供了金融支持，同时也帮助美国的家庭和社区克服意外的困难。

然而，近年来经济学家们严重低估了储蓄在经济价值链中的重要性。事实上，在很多经济学家看来，储蓄就是一种累赘。凯恩斯主义者认为储蓄对发展不利，因为这种做法妨碍了货币循环、降低了消费（他们认为消费是促进经济增长的重要因素）。而政策制定者们受这些观点影响，制定出各种规则奖励花钱的人、惩罚存钱的人。

结果，美国人多年来总是入不敷出。在自给自足的经济中，比如小岛经济，这样做根本不可能。但是在我们的现代社会中，货币流通跨越国界，而印钞机似乎具有无限魔力，可以欺瞒美国民众，让他们无法认清一个简单的事实：我们的消费不能超过产能，我们的借款不能超出存款，至少不能长期这样。

当2008年金融危机爆发时，政治家和经济学家们条件反射式地寻求各种方法，让消费者花得更多、存得更少。

他们的做法只能适得其反，为了消费而消费的做法没有任何意义。如果你花了100万美元，除了空气之外什么都没有买到，那会怎么样？对社会有什么好处？这笔交易只会使出售空气的人受益，他会把原本属于你的那100万美元拿走。用现代的经济核算方法计算，比如以GDP衡量，这笔交易会被当作一次真实的经济活动，会被算作价值100万美元的增长。

但是购买空气的做法不会推动经济增长。空气一直都在那儿。我们必须生产出什么东西，才会使消费有价值。

消费只是我们用来衡量生产的尺度，因为所有生产出来的东西最终都是用于消费的。那么消费有什么实际意义呢？只要价格降得足够低，即便是没人想要的东西也可以卖出去。但是，如果没有生产，也就没有东西可消费了。因此，生产是有价值的。

储蓄创造了资本，而资本使生产扩大成为可能，所以储蓄起来的一美元对经济产生的积极影响要大于消费掉的一美元。对于这一点，你不必费力向经济学家或者政治家解释。

第五章

在鱼被指定为货币之后

HOW AN ECONOMY GROWS AND WHY IT CRASHES

在简单的经济社会中发挥作用的经济规律同样适用于复杂的经济社会……

艾伯当初甘愿做出自我牺牲创造资本，也为岛上的其他居民带来了福祉。得益于艾伯精明的贷款计划，岛民制作了许多渔网，然后又利用生产力提高后所积累的资本制造更加有效的捕鱼器。生产力提高以后，不仅食物变得更加丰盛、服饰变得更加美观、交通变得更加便捷，而且人们也有了闲暇时间，冲浪运动风靡起来。

很快，关于这种前所未有的奢华生活的传说就流传到了其他岛屿。那些岛屿上的人依然在徒手捕鱼，根本没有闲暇时间冲浪。为了追求更美好的生活，移民很快接踵而至。

生产率提高意味着这座岛屿可以养活更多的人，反过来，更多的人又促成了更加多样化的经济。一些新到的移民找到了操作巨型捕鱼器的工作；另外一些移民向原住民借来多余的鱼，开垦土地，种植农作物——人们终于不用每天都吃鱼了；还有人利用贷款进入其他商业领域。

岛上多元化的经济催生了很多职业，比如棚屋建筑工人、木筏制造工人、马车制造工人，包罗万象。

岛上的食物和工具生产达到了很高的水平，一部分人不用生产物质资料也能生存。于是，服务业应运而生。

为了改善食用鱼的味道，一些岛民发明了各种烹制鱼肉的方法，其中大多数都需要添加香料，用火烘焙。这些大厨收费很高，富裕的渔民和棚屋建筑工人用鱼换取他们用高超的厨艺烹制的美食。

其他的服务性行业也很快发展起来了。冲浪的吸引力和社会效益得到了广泛认可，因此查理的后代建立了一所冲浪学校。

随着社会的发展以及商业和服务业的不断延伸，人们需要一种交换的媒介，以支付给棚屋建筑工人、大厨和冲浪教练作为报酬。

到目前为止，岛上实行的是物物交换。但是物物交换过程烦琐，效率较低。制矛师可能需要大厨的服务，但大厨却不需要一支矛。即便他们能各取所需，到底多少顿饭能和一支矛的价值相当呢？

为了改变这种杂乱无章的交换系统，岛上需要新的交换物。这种交换物应该能用来交换任何物品、能被所有人接受。换句话说，岛民需要货币。

鉴于岛上的所有人都吃鱼，鱼被指定为货币。

很快，所有的工资和价格都开始用鱼计量。因为人们仍然假设每天需要吃一条鱼才能生存，所以一条鱼的价值是多少，所有人心里都有数。也就是说，岛上的价格体系和鱼的真实（或者固有）价格相关。

效率与通货紧缩

在一个经济体中，如果工人们有所分工，从事不同的商业和服务活动，其结果一定会比所有人都做同一种工作要好。分工增加产量，高产量又能提高生活水平。

假设每个岛民平均要花 5 天时间才能造成一条独木舟，再假设每个岛民每天（使用渔网）可以捕获两条鱼，也就是说每个岛民必须放弃 10 条鱼的收入才能造出一条独木舟。然而，我们假设有一个叫“达菲”的人，他在伐木、搬运和木工技术方面略胜一筹，只需 4 天就能造出一条独木舟。那么对他而言，与其像别人一样捕鱼还不如专门做独木舟。如果他专门制造独木舟的话，会生活得更好。因为他只需放弃 8 条鱼的收入，用这些时间制造一条独木舟，然后再以 9 条鱼的价格把它卖掉，就可以从中获利。分工以后，他的收入增加了。

因为达菲具有这些优势，其他的岛民花 9 条鱼向他购买独木舟是划算的。如果他们自己制造独木舟的话，就必须放弃 10 条鱼的收入。向专业人士支付 9 条鱼，他们可以省下 1 条鱼。

但是，假设 9 条鱼是个相当高的价格——毕竟能有多少人存有那么多的鱼呢？独木舟的价格太高了，只有最富裕的岛民才买得起。至于那些储蓄不足的人在他们攒够买独木舟的费用之前，只好游泳去捕鱼。

假设达菲从事这项劳动多年以后，利用自己的积蓄制作了一些造船用的专门工具。就像他的老前辈艾伯那样，达菲也通过省吃俭用得到了资本设备（工具）。

因为有了新的设备，我们假设达菲将工时缩短为两天。效率提高了，每条独木舟只需要定价为 4 条鱼就能达到收支平衡，而不是以前的 8 条。如果他把售价降为 6 条鱼（原价 9 条鱼），他每售出一条独木舟就可以获得更多的利润（以前的利润是一条鱼，现在是两条鱼），同时产量也能翻一番。

达菲提高生产率，受益的不只是他自己，还有岛民。价格降低之后，更多的人买得起独木舟，因此他的顾客群也扩大了。

由于生产率提高了（储蓄、创新和投资的结果），独木舟的价格便随之下降，更多顾客能够享受到拥有独木舟的好处。昔日富人独享的奢侈品也成了普通消费品。

故事引申

正如故事中所讲的那样，价格下降并没有损害达菲的利益。实际上，其他行业生产的产品的价格也随着生产率的提高而下降，达菲可以用赚得的鱼买到更多的东西。

技术创新是个单向的过程。除非人们失去记忆，否则生产效率必然会越来越高。因此，价格具有随着时间推移而降低的趋势。

持续下降的价格还会鼓励岛民储蓄，因为他们知道现在的鱼将来会更有价值。尽管听起来可能有些疯狂，不过省一条确实等于赚一条。这样一来，人们就愿意储蓄，也就有更多资本可用于贷款、资本投资、生产，最终带来更多消费。

就业

由于社会发展得更加复杂，越来越多的岛民决定为别人工作，以劳动换取报酬。

劳动的价值通常取决于劳动者所使用的资本。资本越优化，劳动的价值就越大。例如，付出同样的劳动，你驾驶一辆推土机挖的坑要比你用铁锹挖的坑大得多。所以，最好利用可用的最优资本工作。

故事引申

尽管人们普遍认为最低薪资法规增加了低端工人的薪资，但实际上，这类法规只是增加了这个人群的求职难度。如果一个员工能够提供具有一定价值的服务，比如每小时价值 8 美元，那么不管有没有最低薪资的规定，雇主都会心甘情愿地支付这笔费用。法律不需要对薪资负责，需要对此负责的是员工本人。但如果这位员工只能提供每小时价值 6 美元的服务，那么在 8 美元的最低时薪规定下，这个人想谋得一份工作是极其困难的。毕竟，没有哪位雇主愿意亏钱雇用员工。这样一来，最低薪资法规使得低技能员工的工作机会越来越少。就业这件事就好比爬梯子，如果没有机会踏上第一级梯档，那些低薪资的员工也就无法获得继续向上攀爬所需的技能了。这一现状使许多人陷入生活拮据的窘境。那些将 6 美元时薪视为剥削的人在为自己的正义感而沾沾自喜，但诸位想一想，在时薪6美元的情况下就业总好过在时薪8美元的规定下失业吧。

许多政客还喜欢自我标榜，认为自己促成了公平公正的工作环境，因为他们通过各类法规，要求雇主为员工提供强制休假、医疗保健、请病假以及休产假等各类权益，于是便居功自傲。但是在最低薪资制度下，使这些权益得以实现的是员工的生产力，而非那些法规。然而，这些要求却剥夺了员工的选择权：他们本可以在这些权益和更高的薪资之间做出选择，如果那些政客不强制雇主为员工提供上述待遇的话，他们是有可能拿到更高薪资的。诸如此类的规定，外加其他由雇用或解雇员工导致成本及法律风险增加的规定，只能导致越来越多的低技能劳动力漫天要价，从而把自己赶出就业市场。

在自由社会中，所有居民都能判断哪些资本能最大限度地实现劳动价值。除了那些出于某种原因依然选择徒手捕鱼的人以外（也许是出于艺术上的原因），每个劳动者都有三种选择：

1. 省吃俭用，自制渔网。

2. 贷款购买渔网。

3. 为有渔网的人工作。

鉴于选项一需要饿肚子，选项二需要担风险，大多数劳动者会选择选项三。他们只需给人打工，就能得到报酬。

比如，新来的移民芬尼根是个很强壮的男人，做渔民就浪费了他的天赋，所以他决定专做生鱼搬运的工作。靠他强健的身体，芬尼根一天就能把100条鱼从海滩运到人们家中。他收取总额的2%作为运费，一天能赚两条鱼。

莫里则利用贷款制造了一辆运鱼车。他的运鱼车公司成了芬尼根强劲的竞争对手。虽然莫里没有芬尼根强壮，但是他利用运鱼车每天能运送300条鱼。因为他的生产率高，他只收取总额的1%作为运费，这样他每天能赚三条鱼。因而，得益于他的资本，莫里收费更低，但是赚取的利润更多。

由于没有自己的资本，芬尼根的处境很艰难。

莫里看到了商机，他估计强壮的芬尼根如果使用运鱼车，每天应该可以运送400条鱼，从而获得4条鱼的利润（收取总额的1%作为运费）。于是莫里向芬尼根提供这份工作，每天付给他三条鱼的报酬。剩余的一条鱼是莫里每天的收入。

如果芬尼根接受这份工作，他就可以提高生产率，降低运费，比自己干更划算。

莫里现在每天有一条鱼的收入，他可以不必再做运送工作，专心制造运鱼车，而且可以雇用更多的人以扩大生意。与此同时，运鱼车的普及也会降低所有岛民的运费支出。

将来某一天，芬尼根可能储蓄足够多的鱼，制造自己的运鱼车，进而和他的老东家竞争。为了防止此类事情发生，莫里不得不支付给芬尼根合适的报酬，比他自己干赚得多，但不会多到让他产生自立门户的想法。

虽然大家都得到了好处，但莫里唯一的动机是追求更高的利润。他并不是有意帮助芬尼根，但他的行为产生了这种效果。结果是芬尼根得到了更高的工资，所有人都降低了运费成本。

有人认为商业利益源于降低员工的薪资。但没有人会免费工作，没有利益，工作也便无从谈起。员工只要工作就有报酬，而企业主想得到回报则只能等到企业赢利，他们的收益是对承担风险的回报，也是对成功整合稀有资源的回报。对利润的不懈追求推动了产品创新、企业发展与经济增长。正是这样的推动力提高了每个人的生活水平。丰厚的利润正说明一个企业很擅长满足客户的需要，对这样的企业应当予以鼓励，而不应恶意诋毁。

故事引申

有人认为，就业市场本身就有失公平，政府需要保护员工免受雇主的剥削。这种想法对经济学的基本原理存在误解，严重损害了劳动力市场的健康运行。

与自由社会中的任何交易一样，就业是一项自愿的活动。如果人们通过自食其力或受其他雇主雇用能够挣到更多的钱，就很少有人愿意接受或继续一项工作了。每个工作的人实际上都在经营着自己的生意，将自己的劳动力卖给出价最高的雇主。有时（拿自由的水池清洁工来说），他们将劳动力卖给不同的顾客；有时（就大多数工作者来说），他们只将劳动力卖给某一个顾客，即他们的雇主。水池清洁工能够自由选择，为出价更高的顾客工作（或者在他掌握了新技能后，转行做报酬更高的服务工作）。同样，上班族如果有机会，也可以跳槽，去追求薪资更丰厚的工作。上班族没有跳槽，就证明他们目前的工作可能是当前所拥有的最好选择。低报酬可能不尽如人意，但这并不意味着剥削。

一名员工的具体价值主要取决于三个方面：需求（雇主是否需要这名员工所掌握的技能）、供应（有多少人具备这些技能）以及生产力（这名员工对那些任务的完成程度如何）。要想获得较高的薪资，这位员工必须提高其自身价值，要么掌握极少数人具备的急需技能（如医生），要么通过对本职工作精益求精来提高生产力，根本无捷径可走。

现实链接

对通货紧缩的完全妖魔化（还有对通货膨胀的相对接受）是当今经济学中最成功的宣传策略。在经济学家和政治家眼中，通货紧缩被定义为一段时间内价格的全面下降，就好像经济领域的鼠疫一样。只要有一丁点儿通货紧缩的苗头，政府通常就会采取措施抬高物价。

价格下降有什么不好呢？我们已经习惯了不断上涨的物价，要是我们知道在过去的将近 150 年（从 18 世纪末一直到 1913 年）中，美国的物价一直在稳步下降，几乎所有人都会大吃一惊。然而，就是在这段时间里，我们经历了人类历史上经济增长最快的几个阶段。

这种现象出现的原因正如本章所讲述的那样，是因为生产率的提高。如果货币供应稳定（就像美联储成立前的美国那样），生产率的提高会促使价格下降。

工业革命带来了生产率的大幅提高，工薪阶层也能买得起装饰家具、量身定做的衣服，付得起水管维修费和乘车费，而这些以前只有富人才消费得起。通货紧缩意味着 1850 年时存下的 100

美元到了1880年能够购买更多的产品和服务。为什么说通货紧缩不是件好事呢？现在，爷爷奶奶总爱说他们小时候东西多便宜，而他们的爷爷奶奶却总是说自己小时候东西要贵得多。

虽然物价低的好处显而易见，但我们还是害怕通货紧缩。我们被告知：一旦物价下跌，消费者就会停止消费，公司也会避免支出，工人会因此失业，最后我们会回到经济的黑暗时代。

但是，价格下降并不一定会影响特定行业的发展，我们不止一次地见证过这一点。20世纪初，亨利·福特靠不断降低汽车的价格发了大财，他雇用的工人的工资是行业里最高的。举个更近的例子，虽然计算机的价格不断大幅下降，但是这个行业的赢利还是非常丰厚。产品价格的下跌并未阻挡计算机革新的步伐。由于设计和制造效率的提高，每年有数亿人能够以越来越低的价格享受数字化带来的好处。

尽管如此，大多数人都认为通货紧缩只有在局限于某个行业时才是可以接受的。为什么呢？

现代经济学错误地认为：消费促进经济增长，因而一旦发生通货紧缩，人们就不愿意消费（这样价格就会继续下降），而如果人们继续消费，价格下降的影响就会减弱。真是荒谬。

正如我们前面讲的那样，起决定作用的不是消费，而是生产！

不需要劝说人们消费，因为人类的需求永远不会得到满足。如果人们不想要某样东西，那一定是有理由的，要么是产品不够好，要么是买不起。不管是因为什么，推迟购买产品，或者把要花的钱存起来，都是出于理性的考虑，而且对整个社会都有好处。

实际上，如果消费者不愿意消费，刺激需求最好的办法就是让物价降到更合理的水平。山姆·沃尔顿就是运用这个简单的概念赚了数百亿美元。

第一代等离子电视问世时，极少有美国人购买。尽管大家都想要一台，可一万美元的不菲价格却令许多人望而却步。但价格下跌时，越来越多的人果断出手，争相购买。不断增加的销量弥补了价格下跌带来的损失，于是利润大幅提高。

天资敏锐的经济学家总会说，价格下降会损害众多消费者的利益。可食品与能源价格降低真的很糟糕么？医保花销或者教育投入逐渐回到可承受范围内，难道我们还会要求政府采取行动以规避相关风险么？

虽然有这么多反面证据，通货紧缩还是被当作经济的头号敌人。这是因为通货紧缩（与通货膨胀相反）是政治家最好的朋友。这一点我们在后面会详细说明。

第六章

为什么会有储蓄

HOW AN ECONOMY GROWS AND WHY IT CRASHES

随着岛民储存的鱼越来越多，鱼的存储成了问题。以前，人们习惯把鱼存放在家里，但是这样做效率很低甚至很危险。偷鱼贼也成了一个大问题。

虽然岛民愿意通过贷款和投资使自己多余的鱼增值，但是大多数人既没有时间也没有能力判断某项商业计划的优劣。

一个名叫“迈克斯·郝寅航”（Max Goodbank）的人嗅到了商机，他决定开拓一个革命性的行业。

迈克斯守护自己的存鱼多年，深知必须找到一种更好的储存方式才行。看到自己的邻居被狡猾的借鱼者欺骗，他也认识到大多数人在借出积蓄的问题上都需要帮助。考虑到这些因素，他建造了一个很大的储藏室，其温度和湿度都可以调节，还雇用了岛上最强壮的人看守。这家新“银行”能够确保岛上存鱼的安全，从而解决存鱼失窃的问题。但这只是个开始……

迈克斯是位真正的企业家，他知道如果只是收取保管费，利润空间很有限。

他明白储蓄的价值，也明白自己比一般的岛民更擅长放贷。迈克斯是一流的数学家，尤其善于评估商业计划并为之提供适当的贷款。

他用邻居的储蓄放贷，所获收益的一部分作为储户的利息和看守人员的工资，剩下的部分作为自己的利润。

于是郝寅航存贷款公司就这样诞生了。

与艾伯和达菲一样，迈克斯最初只是想为自己谋利。但是在他追逐利益的同时，也解决了存款、贷款和盗窃这些棘手的问题。

现在，岛上的居民们节衣缩食，把积蓄存入迈克斯的银行，让他替自己承担投资的责任。

谁要是有投资项目需要贷款，只要去找迈克斯就可以了，不用去找那些可能拥有大量存鱼的人。

要让计划顺利实施，迈克斯需要解决几个问题。第一，他必须保证贷款业务赢利，这也就意味着他必须仔细甄选合适的借款人，认真收取利息，而且当对方无法还款时取消抵押品的赎回权。第二，他需要定期向储户支付利息，让他们高兴。第三，为了让生意持续下去，他需要吸引更多的储户。如果失败，他就会失业，他的投资也就白费了。

因为迈克斯精通贷款业务，凡他经手的贷款不仅效率高，而且利润丰厚，所以他自然而然成了岛上的经济权威。其他不够专业的岛民总会受到个人经历、家庭关系和情感的影响，迈克斯却可以心无旁骛地关注经济问题。

利率

由于迈克斯的个人利益和银行的经营状况密切相关，他最适合决定存款和贷款的利率。

在贷款方面，他对最可靠的（还款能力最强的）借款人收取最低利率，对风险较高的借款人收取较高的利率作为高风险的补偿。

贷款利率又决定了银行能支付给储户的利息。存款利率是随存款年限递增的。存款年限越长，造成银行存鱼短缺的风险越低。因此，如果储户愿意长期储蓄，获得的利率也就较高，进行短期储蓄的储户所获利率则较低。

尽管迈克斯掌握着利率的制定权，但是整体利润还是会随着无法掌

控的市场情况的变化而波动。

有时生产率大幅提高，岛上的存鱼量也随之大大增加。如果储藏室里堆满了鱼，银行就会主动降低贷款利率。因为此时银行承受损失的能力较强，而且健康的经济也为新企业的发展提供了良好的环境。

由于不需要吸引新的储蓄，贷款利率也比较低，这就导致存款利率降低，从而抑制储蓄。

一旦储蓄回落（这对经济来说很危险），相反的力量就开始发挥作用，鼓励储蓄，从而补充银行的资产。

当存鱼较少时，迈克斯放贷就格外谨慎。因为在储蓄不足的情况下，一旦有人拖欠贷款，后果将非常严重。为了抵消高风险可能带来的损失，迈克斯会向借款人收取更高的利率，并提高存款利率以刺激储蓄。

高利率会抑制借贷，延缓经济增长。但同时，高利率也能刺激储蓄。最终，银行资产会再次积累起来，到那时利率又会下降。

另外，较低的存款率表明人们更愿意将储蓄用于近期消费，因而抑制了为满足未来消费需求而进行的投资。

这种周期性的利率机制有利于市场稳定。该机制的运作完全取决于以下三点：银行实现资产回报最大化的愿望、银行对高风险投资损失的担忧、个人消费的时间偏好。

更重要的是，银行储蓄的安全与便捷促使人们增加储蓄、延迟消费，从而为投资项目提供资金，有助于增加未来的产量并提高生活水平。

在迈克斯精明谨慎的经营之下，岛上的储蓄不断增长，商业不断发展。

高风险投资

由于迈克斯需要不断向储户支付利息，他往往会避免发放违约风险较高的贷款。他拒绝发放度假贷款、消费贷款以及其他仅用于消费享乐的贷款。这类借款人总是夸下海口，却拿不出实际的证据证明他们将来能够还贷，所以迈克斯不能拿岛民的储蓄冒险。

但是，有些储户甘愿为了高回报承担高风险。偶尔会出现一些有潜在突破性的项目，非常诱人，但是最后银行还是因风险过大而不愿投资。

弹射飞行航空公司提出了一个设想，可能会彻底改变岛际旅行方式。

但是，循规蹈矩的迈克斯不肯投资。

然而，这并不表示弹射飞行的支持者束手无策了。

一个新的联合投资组织出现了。该组织由阔绰的大亨曼尼·季金（Manny Fund）运营。曼尼从那些对银行存款利率不满意的储户那里募集存鱼，然后再把募集到的鱼投入备受瞩目的项目。

有些项目成功了，比如天堂饮品公司。

另一些项目则失败了，比如布拉潜艇水下旅游公司。

迈克斯继续通过保守的投资方式促进资本增长，而曼尼则成了冒险者的选择。

现实链接

政府不但制定法律，向某些贷款类型和人群倾斜，扰乱了信贷市场，还通过另一种更加根本的方式影响信贷流动：操控利率。在将近 100 年中，美联储（理论上是一家私有银行，但实际上却是美国财政部的延伸）一直制定基准利率，而美国的整个利率结构就是建立在基准利率之上的。

美联储调高或调低联邦基金利率并不会直接决定某家银行每种贷款的利率，但会影响整个市场走高或走低。通常，银行向大众收取的利率要高于它们支付给美联储的贷款利率。因此，当美联储调高或调低其基准利率时，企业和个人在借贷时就要多付或者少付一些钱。

美联储之所以被授予这一权力，是为了保证经济不论在繁荣期还是萧条期都能平稳运行。其理论基础是：美联储的经济学家可以运用集体智慧，推算出特定时段最理想的利率水平，从而使经济正常运行。

例如，美联储可以把利率降到足够低，这样企业和个人就更愿意借贷，以此刺激不景气的经济。而在经济繁荣时，由于过分的自信经常导致愚蠢的行为，美联储应该提高利率，这样人们在借贷时就会三思而后行。

这个机制有两个致命的缺陷。

第一，该机制的前提是：美联储的一小撮人要比数百万独立决断的民众（或者叫“市场”）更清楚什么是恰当的利率水平。但是，美联储跟利率没有任何关系。它既不产生储蓄，也不会因为贷款变成坏账而蒙受损失。积累储蓄的是民众，而且银行能否获利取决于自身的管理水平。如果没有这种关联，借贷必然是低效的。

第二， 美联储的决定总是基于政治考量而非经济因素。因为低利率能够使经济表面上表现更好，降低还款压力，还能帮金融公司赚钱，所以很多人都喜欢低利率。谋求连任的总统往往鼓吹更低的利率，并对美联储施压。对于美联储的决策者来说，他们自然也希望自己被看作拯救经济的好人，而不愿被当作将经济推向低谷的吝啬鬼。

乐于看到高利率的社会成员（尤其是储户）没有形成有组织的利益集团，没人听取他们的声音。因此，社会上就形成了这种偏见，即利率应该很低，而不是很高。但是要记住，低利率会刺激借贷、抑制储蓄，难怪美国已经由一个储蓄者的国家转变成了借款人的国家。

而且，相对于储蓄供给来说，过低的利率会向借款人传达错误的信号，即经济状况良好、投资可行。因为消费并没有真正延后（如果利率顺应市场下滑，消费就应该延后），用于满足未来需求的投资就很难成功。结果就是虚假的繁荣过后紧接着出现巨大的危机，正如我们刚刚在股票和房地产市场上经历的那样。

第七章

基础设施与贸易

HOW AN ECONOMY GROWS AND WHY IT CRASHES

以前岛民都饮用山间溪水，他们用各种容器把水从小溪运到自己的棚屋里。

因此，大多数人都不会选择在远离水源地的地方生活或者工作，缺水的状况也使农业发展受阻。这些因素都限制了小岛的整体生产力水平。

有一年，小岛上发生了非常严重的旱灾，不少溪流干涸了。缺水严重，人们几乎无法生存。

灾难过后，岛民们想寻找一种解决办法，以防止日后再发生类似的灾害。

聪明的渔民艾伯五世（艾伯的第五代孙）解决了这个难题。他注意到，雨水形成的洪流会聚积起来形成水塘。受到大自然的启发，他设计了一个雨水收集系统，将雨水储存起来以备将来之用。但是，为整个岛屿提供水源将是一项巨大的工程。

按照他的设想，自来水厂项目需要 182 500 条鱼的工程款，这些鱼可供 250 名工人食用两年。于是，他向曼尼 · 季金借款。曼尼很喜欢这个想法，但是他没有足够的鱼。于是艾伯五世做了最坏的打算，向银行借鱼。

出乎他的意料，马可欣·郝寅航（迈克斯·郝寅航的后代）表示对这个贷款项目很感兴趣。尽管工程费用很高，但考虑到未来的潜在收益，冒一次险也是值得的。如果这个项目成功的话，银行很快就能收回成本，而且岛上的所有人都会有更美好的未来。

然而，不管她多么喜欢这个主意，如果岛上的存鱼不够，郝寅航也无力支持这个项目。而岛上的确没有足够的存鱼可以供250个不捕鱼的工人食用两年。

但是竣工之时，自来水厂如广告中宣称的那样送来了水，并归还了贷款和利息。

岛民也愿意每年付出一定数量的鱼来换取自来水。自来水厂用这笔钱雇用了 100 多名工人维护这个复杂的供水系统。

自来水厂项目取得的巨大成功给整个岛屿的经济带来了好处。自来水服务收费合理，让远离水源的地方也能用上水，以前的不毛之地也可以种庄稼了。

水管内水流平稳，可以用来推动机器，这就催生了新的产业。

由于人们现在不需要再用手提水，每个人都有更多的时间用于生产产品、提供服务或者开发新的投资项目。高生产率使得全社会的捕鱼量上升，生活水平也随之提高。

故事引申

现在岛上的社会比当初只有三个人徒手捕鱼时要大得多了。在一些人看来，支配经济的原理已经改变了。事实果真如此吗？

正如数学原理不会因问题的大小而改变，基本经济原理也不会因经济的大小而改变。人们常常认识不到这一点，是因为在储户和借款人之间存在着很多层关系。但是，自我牺牲、储蓄、借贷、投资、经济刺激因素和社会经济发展之间的关系是永远不变的。

贸易

随着岛上经济的发展，出口产品的能力也增强了。很快，不少大型货运木筏就满载着鱼、运鱼车、冲浪板、长矛和独木舟驶过公海。由于物美价廉，这些产品在整个大洋上都享有盛誉。人们用它们换取了鲜鱼和其他以前从未在小岛上见过的商品。

由于岛上的探险者和其他岛屿建立了联系，贸易得到了发展，进一步促进了经济的增长。如果自由贸易不受限制地自由发展，就会给所有人带来好处。

有些岛屿（或者城市、国家甚至个人）通常会有一些产品相对过剩，而别的岛屿正好缺乏这类产品。于是，每个人、每个国家或者岛屿都会利用自己的优势实现利益最大化。

比如，附近有座小鼓岛，你可能猜到了，岛上有大量的小鼓。当地人制作小鼓的技艺登峰造极，而且岛上长满了最适合制作鼓的树。因此，岛上的小鼓不计其数，价格也很低廉。作为岛内贸易品，小鼓的销路不畅。

离小鼓岛100公里的地方有座狂舞岛，岛上的居民对小鼓情有独钟。不幸的是，这座岛上没有适合制作小鼓的树。因此，在狂舞岛上，小鼓是罕见而珍贵的货物。狂舞岛上有大量的椰子防晒油，但是岛上的居民皮肤黝黑，没有必要防晒，因此防晒油对他们来说几乎一文不值。

也许是命运使然，在岛上无情的烈日下，皮肤白皙的小鼓岛人备受慢性灼伤的煎熬。

在这两座岛屿取得联系后，立即展开了小鼓和防晒油的大宗交换。每座岛屿都利用自身的优势把在岛外售价更高的货物运往另一座岛屿。在这种交换安排中，两座岛屿都受益。人们的生活水平提高了，节奏感很强的鼓声响彻两座岛屿。

国际贸易与个人劳动分工没有什么区别。每个人或者每个国家都用自己多余的或者擅长生产的产品，换取自己缺乏的或者不擅长生产的产品。

现实链接

基础设施建设投资会对经济产生巨大的影响。然而，只有在收益大于支出时，这种投资才有效果。反之，这些项目就是在浪费资源并阻碍经济增长。

目前，很多政治家和经济学家都错误地认为：基础设施建设投资并不是可能带来长期收益的投资，而是增加就业和提振经济的直接手段。

在过去的半个世纪里，美国对基础设施建设的投入远远不够。弥补这个缺口对于目前的经济状况而言无疑是一种负担。我们将来才能看到这些投资的收益，而且前提是投资必须成功。

在我们的故事中，借给自来水厂项目的 182 500 条鱼就不能再用于其他能够创造就业岗位的投资项目了。其实那个机会不错。假如这些鱼被用在了一个毫无价值的项目上，比如阿拉斯加臭名昭著的“绝路桥”，那就浪费了岛上的储蓄，白费了250名工人两年的辛勤劳动。

在美国早期的历史上，类似自来水厂这样的项目往往是由私营部门发起的。然而，由于这些项目能否成功很难预料，在这个政府几乎控制了一切基础设施建设的时代，这样一个工程的融资、建设直到最后投入运营都由以营利为目的的私营公司完成，看起来很不可思议。但是在过去事实就是如此。

举例来说，纽约地铁基本上就是由私营公司建设的，而且在近40年的时间里都是由私营公司负责运营。虽然地铁的造价不菲，但还是实现了赢利。更值得一提的是，40年里车票价格从未上涨。

现如今，选民很容易相信大型公共设施都应该由政府运营，比如下水道、高速公路、运河和桥梁这些可以为所有人提供方便的设施。

政治家们成功地让民众相信，唯利是图的私营公司一有机会就会榨取民众的血汗钱。他们用来证明这些论点的证据多半都是从情感上煽动，引起民众的共鸣。其实我们更能确定的是，政府对于公共设施和服务的垄断几乎必然会造成效率低下和贪污腐败。

如果政府工程入不敷出且服务质量很差，自由市场的原则也无法帮助其走出困境。政府通常会通过提高税收填补漏洞。这样一来，不仅浪费了社会资源，也降低了人们的生活水平。

在贸易上，人们也有同样的错误理念。自由贸易的反对者试图保护美国的就业岗位不受海外竞争的影响，但是他们忽略了进口的好处，忽视了限制选择范围对消费者造成的潜在损失。

比如，如果进口的T恤衫比美国本土生产的T恤衫便宜，那么美国人就可以在T恤衫上少花一些钱。省下来的钱可以用于生产别的东西，比如滑板。这对于美国国内的公司，比如优秀滑板制造商，是很有利的，对那些能够输送其最有价值产品的公司也是有利的。

可是美国国内那些制作T恤衫的失业工人怎么办呢？如果他们的雇主不能在生产T恤衫上找到竞争优势，这些工人只能去找别的工作。但是，提供就业岗位并非经济的目的。经济的目的是不断提高生产力。

保留无效率的劳动力和资本使用方式对整个社会是没有好处的。如果美国在T恤衫生产方面没有竞争优势，那么它就应该找到自己具有优势的行业。

如果通过贸易壁垒保护这些就业岗位，制造T恤衫的成本还是会居高不下，那么人们就没有更多的钱购买滑板（举例来讲），滑板制造商就会蒙受损失。所以，这种做法虽然保留了上述就业岗位，但我们却没有看到那些因此失去的潜在岗位。

浪费劳动力制造那些国外生产率更高的产品是毫无意义的。如果我们专注于生产自己擅长制造的产品，就可以用它们换取别人擅长制造的产品，最终能得到更多。

当然，问题在于，因为有了那些人为设置的高汇率、高税率，以及工资法和劳动法，美国占优势的领域并不多。这个局面需要改变。

第八章

一个共和国就这样诞生了

HOW AN ECONOMY GROWS AND WHY IT CRASHES

一开始，岛上没有政府。艾伯、贝克和查理三人是老朋友，所以总能以和平的方式解决问题。但是，随着简单的社会发展为更加复杂的社会，人们必然需要某些政府机构。

岛上的人越来越多，人们之间的误解也大大增加。一旦这些误解无法通过谈判解决，人们就会诉诸武力。

因为没有组织有序的共同防御团体，偷鱼贼有时会成群结队而来，在岛上横行霸道，岛民们苦不堪言。

时不时地，小鼓岛人也会入侵，他们不仅是优秀的鼓师，还是凶猛的强盗。一旦他们发威，岛上就一条鱼也剩不下了。

很明显，岛民需要联合起来，共同维护自己的安全。他们需要领导者，但是交出权力永远是件冒险的事。人们一旦拥有了权力，往往就会滥用。

岛民试着选了许多领导者，但选出的人不是自以为是，就是不堪重任。于是他们决定组建一个对人民负责的政府，政府无权剥夺人们的自由，正因为有了自由，这座小岛才实现如今的蓬勃发展。最后大家决定：选举 12 名参议员组成参议院，其中包括一名能够行使行政权力的议长。

为保护岛屿不受外敌侵略，参议院决定建立并监管一支海军，由装备长矛的独木舟组成。

为了维护社会稳定，也为了保护岛民的生命权、自由权和财产权，参议院决定设立一套法院体系来解决纠纷，同时成立警察小队执行法官的法令。

为了促进贸易，参议院决定建立并维护一系列的灯塔，以防岛上的峭壁妨碍海上交通。

为了给这些基础的机构和设施提供资金支持，岛民们同意每年缴纳一些鱼作为税款。所有交给政府的鱼都会存放在银行的特别账户中，参议院会从这个账户支取资金用于公共支出。

但是，因为岛上的居民都非常崇尚自由，很多人担心赋予极少数人过大的权力。

为了确保参议员们不会滥用税款，人们制定了一部宪法，明确规定了参议院享有哪些权力。宪法中没有提及的权力仍旧属于普通民众。为防止人们对参议院的职权范围产生误解，法院系统设置了最高法官一职，负责维护宪法的权威并监督参议员们的行为。

在投票通过宪法之后，这座岛就有了一个名字：美索尼亚国。

新政府很明智，决定不把所有税款都花掉。在季风来临、无法捕鱼时，或者小鼓岛人发动新一轮袭击时，这些储蓄可以派上大用场。

虽然政府确实用这些钱雇了一些人，比如灯塔看守、治安官、法官和海军桨手，但是大家都明白如果没有向政府纳税的社会生产者，这些职位根本不会存在；如果生产者不缴纳税款，政府雇员连饭都吃不上。

故事引申

岛民们知道政府的支出就是纳税人缴纳的税款，所以他们认为应该由纳税人决定税款怎么花。因此，只有纳税人可以投票。

岛民们也明白税收降低了岛上可用的储蓄总额，限制了投资资本的供给，但是大多数岛民都认为更安全的环境、船只失事事件的减少和解决合同纠纷的法院系统所带来的好处远远大于他们所付出的代价。

目前为止，一切都好。但是总会有些事情发生……

现实链接

美国建立在对政府权力严格限制的基础上，但是很遗憾，很少有美国人真正认识到这一点。美国的开国元勋们对盛行于 17~18 世纪的关于自由、理性和科学的革命性思想了然于胸，他们试图在人民与政府之间营造一种崭新的关系。在他们的设想中，主权在民，人权神圣不可侵犯。

独立战争结束之初，为了建立国家政权（其实很多美国人并不希望这样），美国宪法成了一个设计巧妙的笼子，可以防止政府这个“野兽”发狂失控。宪法不仅防止人民免受政府的独裁统治，还防止少数人受到多数人的暴政的伤害。

美国宪法有意将权力分配给联邦政府的不同部门，并把中央的权力下放到各州。更重要的是，宪法可以防止联邦政府从人民手中剥夺任何权利。

结果，在这个国家里，人人可以享有人身自由权和财产权，可以随心所欲地处理个人资产，政府无权干涉。虽然并非每个人都能幸运地享有这些权利，但是这无损于这个设想展现出的勇气。毕竟，这是以前任何国家的法典中都不曾有过的。

然而随着时间的推移，这个清晰的设想变得模糊了。危机爆发时，很多人都确信政府需要更多权力，人们可以牺牲一些自由。不幸的是，在目前的经济危机中，这个想法仍有不少支持者。

我们渴望消除经济紧缩带来的痛苦，但是我们忘记了自由本身就是有风险的。如果政府有责任消除一切苦痛，那么就没有人是自由的。无法自由地失败，也就是无法自由地成功。

第九章

政府的职能开始转变了

HOW AN ECONOMY GROWS AND WHY IT CRASHES

在几代人的时间里，岛上的政府一直按照设想运行。很多睿智而又严于律己的人做过领袖，他们一直十分注重鼓励企业发展和个人储蓄。在此期间，税收负担相对较轻，对行业的管制也比较宽松。随着商品生产的增加，企业获利，价格稳定回落，购买力增强。在几代人的努力之后，几乎所有的家庭都拥有一条独木舟，有些家庭甚至有两三条。

因为只需要少数熟练的渔民捕鱼便可以满足整个岛屿的营养需求，多出来的劳动力和资本就可以投入其他行业了。各种在捕鱼时代闻所未闻的工业和服务业都发展起来。棚屋装修公司、巫医医院和制鼓公司应运而生，蓬勃发展。岛上一片繁荣。西海岸还出现了一个剧团，人们对他们的首场演出《渔民来了》赞不绝口。

DRUMS
BERT'S BONGOS
WITCH DOCTOR
PHARMACY Rx
THEATER
NOW PLAYING
"THE FISHMAN COMETH

与此同时，一些参议员基于情感原因认为，宪法中关于纳税与投票权的关系从根本上来说是非民主的。基于进步主义精神，这项规定被废除了，很多不太关心政府预算支出的人也获得了投票权。

政府的工资支出随着经济增长而增加，参议员的社会地位也大大提高，这份工作变得非常有吸引力。本来只有德高望重的长者才能担任参议员，现在雄心勃勃、干劲十足的年轻人也对此趋之若鹜。

渴望成为参议员的人当中有个名叫“弗兰基 · 迪普”的人，他比其他人更有创意。他注意到人们做事的一个特点，这为他以后登上权力顶峰提供了途径。

他发现人们喜欢免费的东西，同理，人们痛恨纳税。因此，他想出了一个计划：如果他能找到一个方法让岛民们以为他免费给予了他们一些东西，那么他就能够得到无条件的支持。不幸的是，政府所有的一切都来自税款。参议员自己又不捕鱼，他们如果不索取就没法给予。怎么可能给予比索取的多呢？

一次猛烈的季风过后，弗兰基看到了机遇（政治家从来不会浪费一次危机）。

他鼓吹道："亲爱的岛民们，我们刚刚经历的风暴给我们带来了无尽的苦难。很多人无家可归、饥肠辘辘，我们不能坐视不管。如果我当选，我会制订一个政府重建计划，帮助最需要的公民弥补损失。"他还向公民承诺，重建的费用由政府税款负担。

他的竞争对手格鲁坡 · 克利夫兰仅仅承诺要好好管理岛上的储蓄，以及不干涉公民权利。

毫无悬念，弗兰基 · 迪普顺利当选为议长。

他的胜选并没有改变现状，岛上依然没有足够的储蓄支持他所设想的支出计划。为了弥补这个差距，弗兰基想出了另一个计划。政府可以发行纸币，叫作“鱼邦储备券”，用这种纸币可以到郝寅航那里自由兑换政府储存的鱼。居民们可以立即把纸币兑换成鱼，也可以用纸币购买产品和服务，就像使用真鱼一样。

岛上的首席大法官看不过去了，便插手进来。他指出，根据宪法，参议院无权为了某个公民的利益收取另一个公民的钱财，也无权发行纸币代替真鱼。

弗兰基随即免了他的职，并任命自己的一个政治伙伴担任大法官一职。由此解决了这个问题。这位政治上的合作伙伴宣称宪

法是“灵活的文件”，后代子孙会遇到建国时期的渔民们无法预见的问题，所以宪法的内容是可以根据新形势来解读的。

刚开始，公民们还不太习惯使用鱼邦储备券，他们习惯于用真鱼购买东西。但是一段时间以后，纸币就流行起来了。大多数人都不得不承认纸币比鱼更易于携带，而且没有难闻的气味。

同时，弗兰基的顾问们全力搜寻岛上值得投资的项目（当然，目的很明确）。如果某项计划可以确保得到潜在选民足够的支持，他们就拨款支持建设。

银行的新总裁迈克斯·郝寅航七世对新钞票没什么好感。他认为新钞票印刷十分容易，这会给参议员们带来一种危险的刺激。而且，只有政府在银行里储存足够的鱼，让人们可以兑换所有的钞票，他晚上才能睡得安稳。

不出所料，郝寅航七世的信心没能持续多长时间。

很快，弗兰基和他的代理人就发放了很多鱼邦储备券，数量远远超过政府账户里的存鱼。郝寅航七世注意到不断缩水的储备，于是跑去提醒参议院。

“弗兰基，马上停止印钞！”他喊道，“你们每发行 10 张钞票，我都只有 9 条鱼可以兑换。如果储户发现我们没有足够的鱼可以兑换，他们就会蜂拥到银行来兑现，那时我就没有存鱼啦。你必须停止发行鱼邦储备券，并提高税率。我们必须恢复储备。”

弗兰基和他的高级顾问休伊·陀贝及泰德·额奈摩尼听罢都哈哈大笑起来。“调高税率，缩减支出……亏你想得出来！你要是参加竞选，肯定是一把好手！还有别的什么好主意吗？”

郝寅航解释道：“对不起，各位。可是我实在别无选择。一旦岛上的储户意识到把鱼存在银行不安全，他们就会停止储蓄。他们会像从前那样把鱼堆在家里。那样的话，我们就没有足够的资本维持我们现在赖以生存的设施，更没有资金投资新的项目了！我们的整个经济就会崩溃！”

“听好了，杞人忧天的家伙！”弗兰基说道，“我们早就想到了这一点，我们有应对之策。为什么要让储户知道他们的储蓄在缩水而不是增值呢？”

弗兰基解释道：“我的经济顾问都是新大学的高才生，大学里也有不少顶级的科学家。他们想出了很棒的办法，而且他们真的成功了。是让你知道一点儿小秘密的时候了。让技师们进来。”

说罢，几个穿着实验服的科学家拿着三条看起来很普通的鱼走了进来。“请看！”其中一个人说道，“我们找遍了海滩和垃圾场，收集被人扔掉的鱼皮和鱼骨——尤其是有完整的鱼头和鱼尾的那种。看好了，我给你变个魔术。”

接着，技师们熟练地切割、拼接、黏合和缝纫，让人眼花缭乱。不一会儿，他们就开始在鱼骨上添加鱼肉，制作一条新的鱼。他们调整、造型、黏合，最后缝合。通过这种方法，他们用三条鱼制作出了四条像模像样的鱼。它们刚才还是垃圾，现在看起来就像真的鱼一样！

弗兰基说："秘诀就在于胶水，粘好后永远不会脱落。做出的鱼能一直维持原状，而那些傻蛋们——我是说——民众永远也不会发现。我们会称这种新鱼为'官鱼'，然后把它们交给储户。让我的技师们到你的保险库忙上几天，存鱼危机不就解决了嘛！"

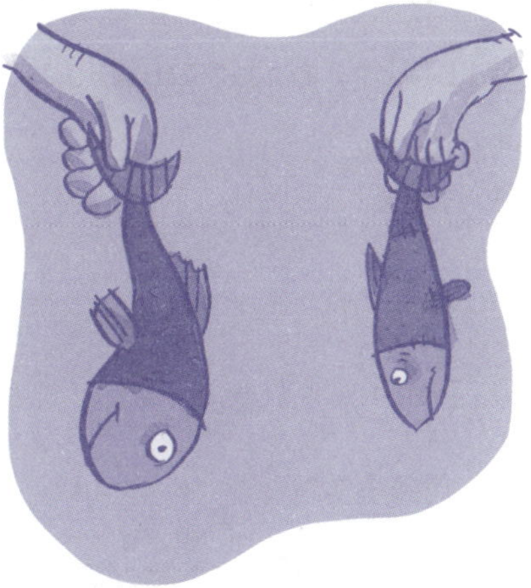

郝寅航惊呆了。他不得不承认这个骗术很高明。他的脸上渐渐露出了微笑。他受够了总是向别人说"不"的日子，那样太没意思，没人喜欢他——人们背地里都叫他"吝啬鬼"。

"也许这是个办法！"他暗想，"也许这是我受到大家欢迎的契机。首先我得到鱼，然后是权力，然后是女人！"

但是，理智告诉他，这些人不是魔术师，鱼也不是大风刮来的！参议员们所做的只是通过削减岛上储蓄的价值制造假鱼。他试图和他们讲道理。

"听我说，储户有一天会明白过来的。你看，你们的官鱼跟真鱼比起来明显要小。毕竟，岛上的人一直以来都在吃鱼，大家都知道一条鱼的价值是多少，骗他们没那么容易。”

弗兰基试图打消郝寅航的担忧，他用老到的语气说道：“我们已经考虑到了。所以，一开始官鱼不会太小。每 10 条我们会用 9 条真鱼来做，这样做出的鱼只比真鱼小 10%。另外，也是最天才的部分，我们会立法禁止岛民比较官鱼和真鱼。”

泰德·额奈摩尼插嘴道："对，就是这样。我们会说科学家们在未经处理的鱼里发现了新的病毒，并要求所有人一旦捕到鱼就交由官方做消毒处理！"

参议员和技师会告诉人们，消毒过程是怎么使官鱼吃起来没有以前那么饱腹的。

为了防止人们看到真鱼，也为了从表面上增加捕鱼量，参议员们决定设立渔业部，它的唯一职责就是捕鱼。

郝寅航再也听不下去了。"这行不通！如果人们停止捕鱼，而是依赖于政府，那我们的捕鱼总量就会下降，最终我们会把储蓄用尽的。"

"你怎么这么肯定？"弗兰基反问道，"成立渔业部是大势所趋。我们会让最可靠的人做经理，还会向表现出最佳公民精神的工人颁发特别奖品。而且，我们只需要坚持到下次选举结束。在那之后，我们会想出一个更长远的计划——我保证我们会想出来的。"

休伊·陀贝接过话道："与此同时，这个新的鱼增值步骤会给你提供足够的鱼，用来支付储户的利息。我们甚至还可以剩下一些鱼，用在公益事业方面！"

郝寅航想了一会儿说："还是行不通。人们总有一天会明白过来，他们会担心自己的储蓄，因而取出存款。"

"这一点我们也想到了。"弗兰基解释说，"我们将宣布所有储蓄将由一个叫作'鱼邦存款保险公司'的新政府机构承保。一旦得知参议员们为他们的存款担保，还有谁会取回存款呢？保险机制形成以后，储户就会认为我们在保护他们的存款，即便我们实际上是在窃取存款的价值。"

"那么，迈克斯。"弗兰基靠近他，在他的肩膀上捏了一把，问道，"你会和我们一起干，对吧？"

迈克斯受到诱惑，一度想和他们同流合污，但他最后还是挺直了腰板。政治家们担心的是表面上的偿付能力和他们自己的形象，而迈克斯关心的是鱼的价值。

“白日做梦！”他厉声说道，“这是欺诈！如果说你们这些参议员有什么共同点，那就是你们全是骗子！想让我和你们同流合污？我这就回去关闭银行，让人们把鱼存在家里。”

在他发表这番攻击性言论的过程中，参议员们面面相觑，无奈地耸肩，最后他们忍无可忍了。弗兰基叫来了警卫，他跟警卫耳语了几句，郝寅航就被拖了出去。郝寅航双脚乱蹬，大声呼喊，但是他临别前的话谁也没听进去。

“没办法，对牛弹琴。”弗兰基说，“去把阿里 · 格林芬叫来！”

随后，弗兰基任命格林芬为银行的新主席，他严令格林芬执行鱼增值计划，丝毫不许打折扣。后来，郝寅航存贷款公司改名为“鱼邦储备银行”。

第二天早上，有人发现岛上信誉最好的银行家迈克斯 · 郝寅航七世的尸体挂在珊瑚礁上。他的死被说成是自然死亡。岛上的高层假惺惺地发表了悼词。弗兰基议长为他举办了隆重的葬礼。

因为有阿里 · 格林芬做鱼邦储备银行的主席，他们的计划进行得滴水不漏。从真鱼向官鱼的转变完成了……

那个星期之后，很少有岛民意识到，随着迈克斯被埋葬，银行业的可信赖的传统和健全的货币也一起被埋葬了。

现实链接

我们前面讨论过，在美国历史上的大多数时期，通货紧缩持续存在。1913年，美联储成立。美联储发行纸币，承诺纸币持有者可以随时将其兑换成黄金，从而取代了当时流通的私营银行发行的钞票。其实，私营银行也做出了相似的担保。但是，自从美联储登上历史舞台，美国的物价就开始不断上涨。

成立美联储的最初目的是形成“弹性货币供应”。当时的设想是：美联储可以根据经济活动的情况，扩大或收紧货币流通量。设计者以为这样可以让物价保持平稳，不受繁荣或萧条的影响。

即便这一设想是个好想法，很明显美联储在这个任务上已经一败涂地。

在过去的100年里，美元损失了超过95%的价值。这可真够稳定的！事实上，美联储现在存在的唯一目的就是产生足够的通货膨胀，从而使政府的支出大于税收收入。

在“大萧条”中，罗斯福总统决定让美元对黄金贬值。要想实现这一点，美国政府就必须控制整个黄金市场，而且美国政府还一度立法禁止私人拥有金币。后来，要将纸币兑换成黄金，人们只能去公正的银行，后来只能去公正的外国银行，再后来去哪里也兑换不了了。

美国人手里只剩下一种没有实际价值且可以随意增发的货币。这使得美国政府再也不必在支出和税收之间做出艰难抉择，也把美国经济引上了一条不归路，总有一天美元剩余的那点儿可怜的价值也会消失。

第十章

不断缩水的鱼就像货币一样

HOW AN ECONOMY GROWS AND WHY IT CRASHES

参议员们都无法相信自己的好运。现在，他们可以随意做出任何竞选承诺了，再也不必维持收支平衡，也不需要通过提高税率为支出筹钱了。

因此，每年政府都发行数量超过银行中可兑换的鱼的鱼邦储备券。一旦储蓄偏低，技师们就施展他们魔法般的技艺。这一切是如此令人兴奋。虽然参议员们心中痛苦挣扎，想要控制局面，让国家回到一条可持续发展的道路上，但是他们就是无法控制自己。

一些政府拨款支持的项目使大家受益。岛上的海军换了大船，让小鼓岛人无法靠近，新的道路系统使交通更加便利。然而，充满争议的清洗石块就业计划有多大价值就不好说了。岛上到底是否需要闪闪发亮的石头呢？人们的争论丝毫不能降低那些因为这项计划得到工作的人对该计划的推崇程度。

与此同时，新政府渔业部成立并开始运营。渔业部提供很高的工资和良好的福利，很容易就雇到了员工。被雇用的人很喜欢这份稳定的工作，很高兴地把选票投给了他们的参议员赞助人。

USONIA
ISLAND RTE
9W
527

但是，在光鲜的外表下面，真正的问题在不知不觉中形成了。

由于渔业部的员工不会出于个人利益去冒险或获取利润，所以他们的效率很低下。

岛上捕获的真鱼的增长率远远低于参议院发行的鱼邦储备券的增长率。

很快，鱼邦储备券发行量过大，技师们不得不降低转换率。10：9 变成了 5：4。也就是说，官鱼比真鱼要小 20%。

后来这个比率也无法维持平衡，转换率又降到 3：2，最后降到了 2：1。

官鱼越来越小，不久后岛民每天只吃一条鱼已经无法填饱肚子了，大多数人每天至少要吃两条鱼。

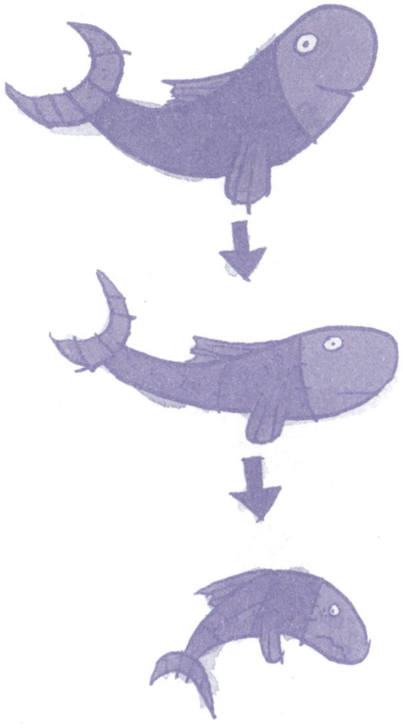

因为官鱼是岛上的货币，所以物价都必须相应上涨才能弥补鱼损失的营养价值。于是通鱼膨胀的难题产生了。尽管通常来说生产率提高会促使物价下跌，现在政府引起的通鱼膨胀却导致物价上涨。

奇怪的是，物价上涨的原因究竟是什么，人们莫衷一是。人们需要一个合理的解释，因此阿里 · 格林芬提出了一个理论。他解释说："通鱼膨胀是由一种叫作'鱼成本推动'的现象引起的。"他说高就业率（部分归功于政府提供的就业岗位）和繁荣的经济一起促使对鱼的需求增加，推动了物价上涨。

格林芬指出，现在大多数岛民每天吃的鱼是前辈们的两倍，这就是经济繁荣的明证。

格林芬还提醒说，如果没有稳定的通鱼膨胀提供刺激，人们就会失去食欲，对鱼的需求消失，那么岛上的经济就会收缩。他进一步指出，每年贬值一半的通鱼膨胀水平是最理想的。他说，通鱼膨胀是经济发展的重要环节。

“说得好，阿里。你都能把死人说活啦。”弗兰基说。没有人想到应该指责政府——这个引发通鱼膨胀的真凶。

有了这种可以任意填写数字的空白支票，政府会继续发行更多的钞票取悦民众。这样一来，官鱼的尺寸越来越小，越来越不值钱。因此，工资和物价都要上涨。有些年份，由于生产率提高的抵消作用，人们几乎注意不到通鱼膨胀，但是有两件事是雷打不动的：官鱼从未变大，物价从未下降！

随着通鱼膨胀愈演愈烈，岛民们终于注意到他们从银行取出的鱼比他们存入银行的鱼要小。因此，虽然有利息的诱惑，人们还是开始减少储蓄，有些人索性一点儿也不储蓄了。反过来，由于物价不断快速上涨，人们必须抓紧消费，以免损失鱼的价值。

快速的通鱼膨胀的最大受害者是退休人员。在参加工作的那些年里他们把鱼存入银行，而现在他们每天必须吃两三条鱼才能果腹。他们原以为可以让他们维持生活 20 年的储蓄，四五年就用光了。

通鱼膨胀抑制储蓄，银行储蓄额随之降低了。结果，可以用来投资有前景的项目或者支持不景气的企业的存鱼减少了。相应地，企业开始削减成本，很多工人因此失业。很多岛民迫切希望抵消通鱼膨胀的影响，于是他们决定冒险把存款交给曼尼打理，因为曼尼承诺的回报率很高，这是投资者弥补损失的最大希望。

后来失业率达到了危险的水平，人们要求政府采取措施。

于是，参议院严格规定了企业应该向工人支付的最低报酬，在什么情况下可以雇用和解雇工人，以及产品价格应该怎么制定。有了这些限制，企业做生意更加困难，发展能力也受到限制。

后来，一位新参议员林迪 · B发现了一个竞选的良机——这一次要建立一个大社会！林迪承诺，如果他当选，他不仅会为海军装备更大的长矛，还会向所有失业工人提供紧急失业救济鱼券，以缓解不景气的经济状况。

他的竞争对手巴蒂 · 金余仅仅做出要好好管理岛上储蓄的承诺，以及不干涉公民经济自由的老生常谈。更重要的是，巴蒂指出岛国负担不起昂贵的“长矛和鱼”的政策。

毫无悬念，林迪获得了压倒性胜利。

这个过程依旧在持续。鱼邦储备券的发行量越来越大，而捕鱼船队带回来的真鱼却越来越少。

当官鱼的尺寸变成只有原来的 1/10 时，即便是阿里 · 格林芬也明白他无法再弄虚作假了。当储藏室里只剩下鱼骨时，他跑到参议院召开了紧急会议。

现实链接

经济学家们非常成功地混淆了通货膨胀的起因，手段之一就是简化这个词的定义。几乎所有人都认为物价上涨就是通货膨胀。因此，如果物价没有上涨，就没有通货膨胀。

但是上涨的价格不过是通货膨胀的结果罢了！这就好比给气球充气,气球就会不断膨大一样。通货膨胀其实就是货币供应量增加，与其相反的情况即为通货紧缩，意指货币供应收紧。从另一方面来说，价格自身其实不会膨胀或者紧缩，只会上涨或下跌。所以膨胀的不是价格，而是货币供应。

凡是 1990 年以前出版的字典对通货膨胀的定义都是货币供

应量的增加。较新版本的字典的定义就开始松动了。不过，如果你明白通货膨胀的真正含义，你就会明白，就算货币供应量增加，物价也可以保持平稳甚至下降。

经济不景气时，人们会理智地选择停止消费。一旦这样，需求就会降低，物价就会回落。不过有时增加货币供应量能够抵消这些因素，因为增加货币供应量会降低货币的价值。如果通货膨胀发生在经济不景气的时期，物价会上涨（前提是货币发行的速度足够快）、保持平稳或者比正常情况下跌得慢一些。

但是，经济不景气时，物价需要下跌才能平衡经济局势。经济不景气时需要通货紧缩，物价下跌能够削弱低就业率的影响。然而，当代经济学家却认为，物价下跌会导致经济陷入需求崩溃的万丈深渊。他们忘记了一旦物价下跌到一定程度，人们就会开始消费。这个过程淘汰了不必要的产能，把物价调低到符合内在供求关系的水平。

通货膨胀人为地使物价居高不下，妨碍了上述过程发挥作用。

目前，许多政府应对经济衰退的本能反应便是造更多的货币。但是如果货币投入过多，这种手段就会同时带来通货膨胀和经济衰退两大问题，导致“经济停滞型通货膨胀”的出现。20世纪70年代，这种现象最为突出。然而，现今的许多经济学家却一股脑儿地将20世纪那段插曲抛到九霄云外，坚持认为通货膨胀和失业问题根本不可能同时存在。他们认为，人们失业时，需求便会下降，价格也会随之下降，可他们却忽略了等式的另一边：一旦工作的人数量减少了，生产的产品也会减少，供应量便会减少。而物质匮乏会导致价格上涨。如果人们向这种并不明朗的经济状况中投入更多货币，必然会导致价格飞涨。

第十一章

中岛帝国：远方的生命线

参议院会议上，格林芬说，我已经无能为力了，银行里完全没有存鱼了。一些参议员建议把真相告诉民众，但是遭到了否决。林迪想找个万全之策。

他让岛上最聪明的经济学家本·伯南柯接管鱼邦储备银行。

“没问题，阁下。”伯南柯说，“现在的情况是民众失去了信心。如果我们现在开始消费更多的鱼邦储备券，人们的信心就会恢复，民众就会重新开始消费。如果有必要，我会坐在棕榈树上往下撒钱。”

一些参议员有点儿发懵。虽然他们没有受过伯南柯那样的经济学教育，但还是有人隐隐感觉到所有的问题最初都是由消费过剩引起的。巴蒂·金余据理力争，但是没人理他。

所幸，由于出现了意想不到的转机，参议员们不需要再做这些痛苦的抉择。参议院的大门突然被推开了，岛上一位远渡重洋的大使和几个长相奇特的人闯了进来。

这位大使在东部海域发现了一个名叫“中岛帝国”的岛国。在那里，所有的居民依然在徒手捕鱼。中岛帝国的经济缺乏自由，因而发展缓慢。

在中岛帝国，所有人都必须捕鱼，然而捕获的鱼却不归个人所有。所有的鱼都要上交给国家，由国家决定谁应该得到多少。

中岛帝国的国王如果注意到他的渔民没有竭尽全力，就会要求他们在打鱼的同时一起唱爱国歌曲。如果有人忘词了或者走调了，不予以纠正就没有饭吃。

在这种制度之下，虽然人均捕鱼量不高，但是当权者却能得到其中的很大一部分。所以，中岛帝国的一般民众每天只能吃到半条鱼，而国王和官员们却每天都能吃到美味海鲜。

中岛帝国的情况跟美索尼亚国出现第一份资本前的情况很像，那时没有储蓄，没有银行，没有信贷，更没有企业。在美索尼亚人看来，中岛帝国的经济还处于黑暗时代（中世纪水平）。

值得赞扬的是，中岛帝国的国王很明智，他明白这样下去自己国家的经济不会得到快速的发展。得知美索尼亚国经济发展的经过之后，国王对该岛国先进的银行、借贷和贸易系统以及人们奢侈的生活方式印象深刻，他决心让自己的岛屿也变得繁荣起来。

国王研究了岛际贸易的运行方式，他推测拥有鱼邦储备券是打开发展之门的钥匙。

他注意到这种钞票可以在整个海域作为货币流通，可以用来购买小鼓岛的小鼓，也可以换取狂舞岛上的椰子防晒油。

中岛帝国的大使意识到拥有这种钞票就可以融入岛际贸易，于是他提出要用鱼交换鱼邦储备券。

参议员们看着中岛帝国的来者，感到难以置信。他们面面相觑，无比惊奇。有这么简单吗？用一堆纸就能换来鲜鱼？

林迪毫不犹豫地走上前去，答应了他们的条件，表示美索尼亚国会慷慨地向中岛帝国敞开市场的大门，那什么时候能把船上的鱼卸下来呢？

不过，在签署协议之前，中岛帝国大使要求美索尼亚国保证其货币会一直具有实际价值。

“放心吧！”林迪说，“不论什么时候你们想用钞票来兑换鲜鱼，只需要到我们银行的窗口来，我们很乐意提供你们所需要的一切。你可以四处看看，我们像缺鱼的样子吗？”

于是，双方签订了合约，中岛帝国的鱼也送到了。林迪拿

出几堆新印刷的钞票作为交换。他强忍着笑，说了两句临别赠言："收好了，伙计们。这东西可是很难得的。"

他转过头对首席银行家说："嘿，伯南柯，赶在营业之前把鱼送到银行去。"

伯南柯如释重负，他心领神会，说道："没问题，阁下。我已经安排好一队技师在储藏库里待命了。鱼一送到，他们就会开工。储户们今天就能拿到鱼。另外，不同于昨天，今天的鱼骨头上会有不少肉的！"

从此，美索尼亚国经济史掀开了新的一页。每天都有一艘中岛帝国的货船运鱼来，作为回报，他们每天都能得到一堆新钞票。

中岛帝国面临的主要问题是怎么处理这些钞票。最好的办法是用它们购买美索尼亚国的产品。当然，中岛帝国需要渔网提高捕鱼效率，而美索尼亚国的工厂织的网是最好的。因此，艾伯渔网公司接到了一笔很大的订单。

该买的东西都买了之后，中岛帝国还剩下一些钞票。由于他们国内没有银行系统，他们决定将贸易顺差存入鱼邦储备银行，这样至少还能赚些利息。

这些交易大大促进了美索尼亚国的发展。一方面，国外需求推动了当地经济；另一方面，中岛帝国存入银行的鱼也使可用的贷款大幅增加。尽管美索尼亚人消费比储蓄多，银行依然有足够的鱼可以拿出来以很低的利率提供贷款。

有了大批的真鱼，官鱼骨头上的肉多了起来，美索尼亚国的通鱼膨胀问题基本消失了。因为官鱼变得比以前大，物价停止了上涨，人们的生活水平也再度提高。

中岛帝国也是日新月异。

后知后觉的国王终于意识到了国内经济模式的致命缺点。如果岛民们必须上交所有的鱼，他们永远不会卖力干活。国王想通了这一点，他从美索尼亚国购买了渔网，然后进行了翻天覆地的政策改革。凡是从国王这里购买渔网的人，都可以把多出来的鱼留归已有。毫无疑问，岛上的捕鱼活动活跃起来。

中岛帝国的岛民们非常明智地用他们积攒的储蓄购买了资本设备，扩大了生产。但是中岛帝国的企业家依照国家的要求，生产那些可以兑换成鱼邦储备券的产品。因为美索尼亚国掌握着所有的鱼邦储备券，所以中岛帝国的工厂集中生产美索尼亚国人想要的东西。

有了多劳多得的激励制度以后，中岛帝国很快就积累了不少储蓄，并扩大了生产。结果，中岛帝国的企业家们现在也有能力兴建工厂制造产品了，比如勺子和碗。尽管大多数中岛帝国人自己还缺少这些东西，但他们却把这些货物卖给美索尼亚人。你也许猜到了，这样做是为了赚取更多的鱼邦储备券。

现实链接

多年来，经济学家对美中关系的理解一直是错误的。大多数人认为那是一种互利互惠的双边关系：美国得到廉价商品和贷款，中国得到制造业的就业机会。然而，这真的是一种双赢的安排吗？

美国人占了便宜：他们不用生产就可以得到商品，不必储蓄就可以得到贷款。而对于中国人来说，他们辛勤工作却不能消费自己生产的产品，他们努力储蓄却得不到贷款。

这有什么好处呢？美国的低利率很大程度上是由国外的高储蓄率造成的，大多数当代经济学权威都没有意识到这一点。要记住，想要借贷，就必须先储蓄。所幸，对于美国来说，全球经济使得借与存的关系可以不受国境的限制。

到目前为止，美国手中的王牌一直是美元的地位。作为世界的官方储备货币，美元是一切国际贸易的结算货币。也就是说，不仅仅是美国的贸易伙伴，所有人交易时都需要使用美元。所以，即便没有人购买美国的产品，人们也需要美元。而其他任何国家都没有这种运气。

外国人持有的美元很多都存在美国的银行里，因而又可以借贷给美国人。这么一来，美国人即使不储蓄也可以获得贷款。

人民币和美元紧密挂钩，这就要求中国公民至少要将储蓄的一部分兑换成美元。

如果没有中国和其他国家的储蓄，美国人以及美国政府想要借钱就会很困难，他们将不得不承担高额的贷款利率。对于靠贷款推动的美国经济而言，利率偏高和信贷吃紧是一个致命的组合。

目前美国领导人和中国的冲突不断升级，在他们决定与中国划清界限之前，需要好好认清这条生命线。当然，既然这种关系不可能永远持续下去，结束得越早，痛苦就越小，对美国人来说尤其如此。白食吃得越久，有朝一日没得吃时，就越是难以自食其力。

第十二章

服务业是如何崛起的

HOW AN ECONOMY GROWS AND WHY IT CRASHES

中岛帝国的储蓄大量涌入，贷款利率随之降低，这使美索尼亚国企业家们的投资热情高涨。但是，由于捕鱼和制造业的工作越来越多地外包给中岛帝国，他们提出来的商业计划和以往大相径庭。现在，大多数商业计划更青睐那些需要本地员工提供服务的项目。这类工作无法外包，而且需要的资本较少。

在美索尼亚国第一次经济会议上，本 · 伯南柯为解释这些变化发表了一次著名的演讲。他认为美索尼亚国的经济已经发展到了一定程度，捕鱼和制造业这类低级劳动应该外包给穷国，而美索尼亚人则可以自由地从事更加复杂的服务业的工作，比如厨师、演讲家和艺术家。

SINOPIA
USONIA

查理创立的老字号查理冲浪公司就是其中的一个例子。

这家公司的几代传人一直制造冲浪板，并且非常成功，现在公司正在朝新的方向发展。查理的后人借了一大笔贷款，扩展了业务，建起了冲浪学校。12 座崭新的校园遍布全岛。

与此同时，公司还达成了一项在中岛帝国生产冲浪板的协议，向外国工人支付鱼邦储备券，但是高附加值的冲浪板设计和冲浪技巧培训业务还保留在国内。

不久，服务业蓬勃发展起来。以前遍布全岛的制造工厂如今都被主要经销进口货物的零售公司取代了。

参议院为了取悦选民，制定了名目繁多的条例、收费和税收项目，这些都加速了外包的趋势。这些障碍使得美索尼亚国的企业在新的岛际竞争中举步维艰。

与此同时，在海的那一边，中岛帝国也在经历着变革……

不出所料，中岛帝国引入了渔网技术，加上个人利益的神奇力量，导致捕鱼效率大大提高。最终，中岛帝国攒够了钱，建造了很多巨型捕鱼器（捕鱼器的设计者起诉他们侵犯知识产权，但是在中岛帝国完全没有胜诉的可能）。他们实行 24 小时工作制，三班轮岗，不间断捕鱼。大部分鱼都出口到了美索尼亚国。

由于捕鱼的生产效率提高，工人们可以腾出时间从事其他工作，主要是与制造业相关的工作。

一船接一船的鱼和货物漂洋过海运往美索尼亚国，同时，鱼邦储备券如潮水般流向中岛帝国。

在正常的贸易关系中（比如小鼓岛和狂舞岛之间的贸易），中岛帝国的产品应该用来交换所需要的美索尼亚国的产品，但是中岛帝国积攒钞票的意愿导致了两者间完全不同的关系，即一座岛主要负责生产，另一座岛主要负责消费。

中岛帝国的国王为什么能够容忍这样的安排呢？很多人都想不明白。但是，与他以前的一些计划相比，这一政策显得合乎逻辑。这项政策使得国王稳坐江山，但是中岛帝国制造冲浪板的工人却没有得到什么实际的好处，他们整日忙于工作，自己连冲浪的时间都没有。

当然，中岛帝国人相信他们最后总会得到回报，到时他们就可以不用捕鱼，靠储蓄就能安然度日了。然而，中岛帝国人却没有意识到，美索尼亚国连养活自己百姓的能力都没有，怎么可能为他们兑换钞票呢？

在美索尼亚国的另一次经济会议上，本·伯南柯声称，双方的这种关系堪称最新也是最有效的经济分工的典范。

他解释说，美索尼亚国在消费方面有一定的优势，这对整个海域都是有利的。他指出，其他任何岛屿的居民都没有这么强劲的购买力，美索尼亚人的消费能力是最可靠的。美索尼亚国拥有宽阔的道路、豪华的汽车和奢华的豪宅，所有的一切都使他们成为最有消费能力的消费者！

美索尼亚人乐观进取，即便身无分文也敢花钱。因此，其他岛屿可以更有效地把消费外包给美索尼亚国！

另外，伯南柯也解释说，中岛帝国最善于储蓄和制造商品。因此，他指出："将制造业外包给中岛帝国，效率更高。"

故事引申

与大多数同时代的经济学家一样，伯南柯认为消费是经济发展的内在动力。因此，最大的消费群体就是经济增长的引擎。

尽情购物要比卖力工作更让人快乐。这一点连傻瓜都知道。但是，是卖力工作的人，而不是尽情购物的人，第一时间将商品放在货架上。没有产品，购买就无从谈起。一旦某个产品被生产出来，它将必然被用于销售。可能发生变化的仅仅是其购买者和价格。

现实链接

过去10年里，全球经济失衡是大多数重量级经济会议上常常讨论的问题。虽然人们为此发表了无数的演讲，写过长篇累牍的报道，这个问题却丝毫没有得到解决。

全球经济失衡最明显的证据就是美国的贸易逆差。在美国历史上的多数时期，出口都大于进口，造成贸易顺差。在有些年份，尤其是接近20世纪中叶的时候，贸易顺差额还相当巨大。美国利用这些盈余在国内置办了更多资产，在国外也购买了不少资产。在这个过程中，美国成了世界上最富有的国家。但是到20世纪60年代末，贸易平衡被打破了。自1976年以来，美国开始常年处于贸易逆差状态。

美元的储备货币地位很大程度上导致了贸易逆差的扩大。如果没有全球经济系统对美元的内在需求，任何国家都无法长期维持这种失衡状态。各家公司和各国政府都会拒绝用商品交换无法购买任何东西的货币。

在20世纪70~80年代，美国的贸易逆差为100亿~500亿美元，虽然数额巨大，但仍在掌控中。到了20世纪90年代，贸易逆差冲破1 000亿美元关口。虽然数额大得惊人，但与美国巨大的经济总量相比，这个缺口相对不大。不过，一进入21世纪，情况就变得严重了。

21世纪的前10年是中国作为出口型经济大国崛起的10年。在这10年里，美国的贸易逆差平均每年都达到6 000亿美元，2006年更是达到了令人咋舌的7 630亿美元。这就意味着，每个美国人，不论男女老少，都要分摊2 500美元。

幸好，2008年经济衰退开始后，美国的贸易逆差有所减少。但是，正如我们亲眼所见的那样，美国的政策很快终结了这种积极的趋势。

正常来讲，贸易逆差能够自我调节。

如果一个国家处于贸易顺差状态，也就是说其出口额大于进口额，就会在国际上形成对其货币的需求。如果你想要该国的产品，你就需要该国的货币。所以，强势的贸易地位会使一国货币坚挺，弱势的贸易地位会导致该国货币疲软。如果没有人想购买你的产品，也就没有人需要你的货币。

但是，一旦一国的货币升值，该国的产品也会相应涨价。这就给处于弱势贸易地位的国家提供了进入该国市场的机会。他们的商品销售得越多，国际市场对其货币的需求就越大。这股货币平衡力量会使脱缰野马般的贸易失衡得到控制。

然而，美元的储备货币地位以及中国政府保持人民币与美元挂钩的决定破坏了这一机制，使局势越发不可收拾。

近些年来，为了给其出口企业提供一种理论上的优势，多国政府广泛开展多项活动抑制其货币，这些活动引发了人们所说的“全球货币战争”。这是一种非常让人摸不着头脑的对抗，因为对抗的目的通常不是除掉对手，而是干掉自己。

诚然，一个国家可以通过行之有效的销售渠道卖掉更多的产品，但在这个过程中可能会损失部分利润。另外，廉价货币同时也会提高进口成本，因为出口不过是补偿进口的一种方式。一个国家有意弱化本国货币，以此让人们更加努力地工作，来补偿进口商品。这便意味着人们的生活水平会下降。

第十三章

“鱼本位”的破灭

HOW AN ECONOMY GROWS AND WHY IT CRASHES

鱼邦储备券继续如潮水般流出美索尼亚国，在大洋中的其他岛屿上堆积成山。终于，一些外国持有者开始质疑这些储备券能否兑换成真鱼。

小鼓岛的领袖查克·小鼓很有个人魅力，他通过嘲笑美索尼亚国的傲慢与力量在国内广受支持。他认为接受鱼邦储备券只是加强了美索尼亚国的经济实力，于是他开始派遣一批又一批的金融特使去银行窗口兑换真鱼。

频繁兑换真鱼开始对存鱼造成冲击，技师们又忙碌了起来。他们不断地切割、重组，官鱼越变越小，通鱼膨胀又有抬头之势。

美索尼亚国的经济再度恶化。

新当选的议长靠布柱 · 迪克森从他的经济顾问那里得知，如果其他岛屿都效仿小鼓岛，整个海域范围的兑现风潮就会清空鱼邦储备银行的储藏室，而鱼邦储备券就会变得一文不值。

伯南柯和参议员们开始发愁了。

靠布柱不敢让他的人民吃苦还债，所以他决定让外国人承担损失。他对外国储蓄者关闭了银行兑换窗口！从那时起，鱼邦储备券的价值不再取决于它能够兑换成真鱼，它在国际市场上的价值将只由对方想交换的商品价值决定。实际上，只有美索尼亚国保有经济和军事大国的地位，鱼邦储备券才具有价值。

“鱼本位”的破灭导致很多岛屿对鱼邦储备券失去了信心。

毫不奇怪，鱼邦储备券的价值暴跌。然而，由于鱼邦储备券仍然是最常见的货币形式，价格最终稳定下来。对于美索尼亚国参议院而言，关闭银行兑换窗口使得他们安然度过危机，避免了丢掉政权之祸（这其实是参议员们唯一担心的问题）。靠布柱长舒了一口气。

查克·小鼓勃然大怒，发表了很多颇具威胁性的演讲。但是他的努力大多是象征性的，美索尼亚国的地位不可撼动。

不幸的是，靠布柱因为随后发生的“水蛇事件”下了台。人们发现他藏有一储藏室偷来的爬行动物。

货币危机过去之后，通鱼膨胀基本上消失了。另外，虽然银行关闭了兑换窗口，鱼邦储备券的地位并没有动摇。美索尼亚国的经济稳定了下来。几年以后，罗非·里实当选议长，进一步推动美索尼亚国走向繁荣富强。

里实成功地降低了税收，放松了管制，还减少了与其他岛屿进行自由贸易的壁垒。然而，他减少政府支出的承诺并没有兑现。虽然里实营造了良好的经济氛围，但是参议院的收支差距还在持续扩大。实际上，在里实的统治下，这个缺口越来越大，经济危如累卵。

好在国外的鲜鱼源源不断地涌入银行。用来买鱼的钞票流通到了国外，永远不会再兑换成真鱼。有了这么一个聚宝盆，美索尼亚国进入了表面上看来前所未有的繁荣时期。

现实链接

在有文字记载的历史上，人类曾把各种物品当作货币。食盐、贝壳、珠子和牲畜都曾流通一时，但是，最后金属（尤其是金银）成了最普遍的货币形式。这绝非偶然。贵重金属拥有货币的所有价值属性和使用属性：储量稀少、人人想要、质地均匀、性质稳定、延展性好。

即便人们不想用贵金属充当货币，贵金属依然因为有其他用途和储量稀少的特性而具有价值。

相反，纸币只有在足够多的人愿意使用纸币交换产品和服务时才有价值。因此，纸币的价值完全由人主观决定。由于纸币可以无限量地发行，并且没有内在价值，如果人们对纸币失去信心，它们就会变成一堆废纸。

虽然经济学家声称已经预见到了这一切，但事实上，从长期来看，我们并没有预见全球经济会建立在一种不可兑现的货币（通常称之为“法定货币”）的基础上。“法定”（fiat）一词来自拉丁语，字面含义为“让它做”（Let it be done）。我们用这个词是想表达纸币本身没有内在价值，是因为政府的命令而具有价值。

历史上不乏失败的例子：某些政府陷入财政困境，走投无路，于是把发行毫无价值的纸币的做法当作救命稻草。这些做法最终往往惨淡收场，国民损失尤其惨重。

这是因为，如果某个国家的邻国仍旧发行真实货币，而这个国家却想持续发行毫无价值的纸币，那是行不通的。外国人自然会拒绝接受毫无价值的纸币，最终国内就会出现买卖真实货币的黑市。

但是现在我们处于一个“镜中世界”，在过去的40年中，没有任何国家发行过真实货币。这是有史以来最大的货币实验。没人知道这个实验何时结束，结果又如何。但是可以肯定的是，这个实验总会有结束的一天。

第十四章

棚屋价格是如何涨上去的

HOW AN ECONOMY GROWS AND WHY IT CRASHES

尽管查理冲浪公司成功地转入服务业，但银行在给此类高风险的服务业提供资金时还是谨小慎微。银行想寻找一个稳妥的项目，最后它们盯上了岛上沉睡着的棚屋贷款市场，认为那是低风险贷款的理想对象。

在此之前，在岛上的全面经济图景中，棚屋市场从未获得过显著的地位。棚屋很适合岛民的生活方式，最初是很朴素的。但是由于经济繁荣，利率降低，人们开始需要更新、更大、更美观的棚屋。

以前，岛民需要储蓄很多年，然后一次性拿出大量的鱼来买一间棚屋。后来，银行开始向岛上信誉较好的人提供棚屋贷款。有了贷款，即使借款人目前的储蓄额低于棚屋的价格也没有关系，他们不必再等，可以直接入住。

虽然棚屋贷款不能提高岛上的生产能力和借款人的还款能力（商业贷款则可以），但是这些贷款安全性很高。与那些借给前途未卜的企业家的商业贷款不同，棚屋贷款有天然的抵押物，也就是所购买的棚屋。如果借款人不能还款，银行还可以没收棚屋，把它卖掉，以偿还贷款。

即便如此，银行也不能保证收回全部贷款。因此，为了抵消这个风险，银行要求借款人先交大量的鱼作为首付。有了首付，银行就获得了一定的信心，相信借款人会继续还款。如果借款人不能归还所有贷款，这种做法也能减少银行的损失。

有些岛民愤愤不平，因为并不是所有人都有机会获得棚屋贷款。富人一般很容易得到贷款，而没有储蓄或者信用记录较差的人就没那么幸运了。有人觉得穷人被剥夺了使用岛上财富的权利。参议员认为这是潜在的竞选议题，于是插手进来，想要解决这个问题。

参议员克里夫·考得认为拥有棚屋是美索尼亚梦的核心，因此他制订了一个计划，让政府帮助每个人得到棚屋贷款。

为推动这一进程，考得创立了两个半官方机构——棚利美和棚地美——为棚屋贷款做担保，同时也会收购银行不愿意持有的贷款。尽管“两棚”（棚利美和棚地美）并没有明确的官方担保，可这座小岛上的每个人都相信参议院不会令他们失望。心中怀着这一信念，诸位放款人便不再担心符合“两棚”标准的棚屋贷款损失了。

于是，那些贷款的利率和放贷标准急剧降低。银行将贷款提供给“两棚”，很快就能收回本金，这样它就能放出更多贷款！

棚屋贷款项目犹如给银行打了一针强心剂，现在它可以几乎毫无风险地赚钱。同时，这个项目也很受选民欢迎，他们不必辛苦积攒半生才能买下一间棚屋。由于考得在整个事件中表现出来的精明能干，他后半生一直稳坐参议员的位置。

学利美是政府设置的另一个机构，旨在为想进入冲浪学校学习的年轻人提供贷款。政府担保的助学贷款吸引了越来越多的岛民到学校学习如何提高冲浪技术。

因为人们很容易就能得到学利美的贷款，查理冲浪公司不必担心高学费会吓跑消费者，所以大幅提高了学费。不久，学费的增长幅度就远远超过了总体的通鱼膨胀率。大多数经济学家都认为，更高的价格是冲浪学位社会价值提升的表现。

为了跟上学费增长的步伐，学利美持续提高助学贷款的额度。几年以后，冲浪学校的助学贷款就成了岛民一生中极大的花销之一。

同样，在“两棚”的作用下，岛上的棚屋建造、棚屋销售和棚屋装修业务也轰轰烈烈地发展起来。这些活动吸收了越来越多的产能，却没有换来更多的真鱼，也没有提高任何人偿还棚屋贷款的能力。

故事引申

虽然这些贷款政策看起来好像是参与各方共同受益，但实际上整个系统制造了更大的风险。

参议院推行的刺激政策向棚屋贷款和助学贷款倾斜，其他没有政府担保的贷款受到影响，扰乱了信贷市场。参议院鼓励放贷并不是因为那是使用储蓄的最佳方式，而是因为帮助人们获得棚屋和教育机会能够转化为政治资本。

因为有“两棚”的担保，棚屋贷款利率下调，岛民就能获得更大额的贷款。结果，就像冲浪学校的学费一样，棚屋价格也开始明显上扬。随着棚屋价格的不断上涨，在岛民看来，购买棚屋不仅仅是一笔可以承担的费用，还是一项重要的投资。人们认为购买棚屋比储蓄更划算，更能为以后的幸福生活提供保障。

参议院还宣布棚屋买卖产生的大部分利润都享受免税优惠，而且棚屋贷款的利息还可以从每年的鱼税中扣除，这就进一步刺激了棚屋行业。结果，买卖棚屋成了比创业和储蓄更有利可图的事。于是，岛上有了更多的新棚屋。与此同时岛上的储蓄和新企业不断减少。

后来棚屋价格飙升，贷款总额达到了参议院为“两棚”设置的上限。这时，议长考得不可避免地介入，他宣称“两棚”的基本状况良好，要求参议院提高贷款上限，降低首付款，降低信用标准，以确保人们买得起棚屋。他真是个常胜将军。

“两棚”的老板都是考得的老朋友，为了答谢考得的帮助，他们为他的连任选举做出了很大的贡献，还给考得的棚屋提供了友情贷款。

由于“两棚”向投资者提供的回报率大于鱼邦储备银行的利率，中岛帝国人就把他们贸易顺差的一部分投到了“两棚”中。有参议院为“两棚”的偿付能力做担保，中岛帝国人对这两个借贷机构很有信心。

中岛帝国的投资流入棚屋贷款市场，大大增加了信贷供给量，进一步压低了贷款利率。也就是说，更多的人可以得到大额贷款。因为能够轻而易举地获得大额贷款，购买棚屋者把谨慎抛到脑后，棚屋价格进一步升高了。

看到了潜在的利润，曼尼七世也大举进入棚屋信贷市场。作为岛上第一位风险投资人的后代，他注意到有一些贷款风险极高，即便是“两棚”也不愿意涉及。但是考虑到当前的棚屋投资狂潮，他相信自己可以凭借曼尼的威望说服买家，让他们相信这些贷款是可靠的。

曼尼开始为岛民提供一项叫作“棚屋置换”的新贷款业务，允许棚屋所有者用更大数额的贷款替代棚屋原有的按揭贷款。新的贷款不仅能够偿还原来的贷款，剩下的钱还可以装进借款人的腰包。棚屋价格的上升也证明大额贷款是有市场的。有了曼尼的“以小换大”贷款，任何拥有棚屋的人都可以得到几乎免费的鱼。

由于曼尼向借款人收取较高的利率，因此他给投资者的回报率也很高。“两棚”见状也想分一杯羹，它们希望考得允许它们购买这些风险更高、收益也更高的贷款。成交之后，“两棚”就成了棚屋置换贷款市场中最大的贷款人。

住宅净值融资无疑为棚屋装修产业打了一针强心剂，使这一产业成了经济活动的一个主要中心。棚得宝是一家全岛范围的连锁店，主要进口棚屋装修材料，并雇用多位专家向大家展示怎样通过棚屋装修赚更多的钱。一个广为流传的说法是，在装修上投入一条鱼，卖出棚屋时就能赚两条鱼。没有人确切知道这是为什么，但是专业人士怎么会错呢？

棚屋变得比以前奢华得多。火炉上镶嵌着打磨过的鲍鱼壳，悬挂水桶用的是高档的丝线绳。不少棚屋铺的都是名牌茅草，室内都装有内置的宽大的玻璃窗。

很快，基本的居住用棚屋已经不能满足岛民的需求，他们开始修建度假用的棚屋，并把修建棚屋作为一种投资。一些岛民甚至直接在普通棚屋上面加盖度假用棚屋。

可是后来发生了一件怪事：棚屋价格开始飙升。其中的原因一方面是存在“以小换大”贷款、低首付（或零首付）和棚屋利润免税的政策，另一方面则是银行在“两棚”的担保下大量放贷的结果。以前棚屋价格通常一年上涨几个百分点，而现在一个月就上涨那么多！再差的棚屋也有人抢着要。

局势发展得超乎想象，传统的支付能力标准不再适用。以前岛民只会用年收入的两三倍买棚屋，现在他们要花掉年收入的一二十倍。人们明知负担不起还要买棚屋，是因为他们相信买入的棚屋几年后可以卖个好价钱。有这么好的增值前景，又没有什么风险，加上政府的一系列鼓励政策（包括人为造就的低贷款利率），没有人能抗拒这种诱惑。

然而，快速飙升的棚屋价格给参议员们带来了实惠。轻而易举获得的财富让选民们感觉自己很富有，也间接证明了参议员们的英明。参议员们自然不遗余力地维持棚屋市场的繁荣增长。

本 · 伯南柯和阿里 · 格林芬向所有人保证不会出现棚屋供大于求的局面，因为棚屋价格绝不会下跌。

大肆吹捧棚屋市场的人不仅仅是政治家，岛上最受尊敬的私营部门思想家吹嘘得最起劲。在衣冠楚楚的巴里 · 雪余子主持的脱口秀节目中，岛民们经常讨论时事。一向乐观的巴里戏称这一时期为“金鱼经济”。卡普 · 盖佛等专栏作家也告诉岛民们，棚屋市场崩溃是天方夜谭，现在的银行优惠政策是前所未有的。客串嘉宾派克 · 希夫一向笑料百出，他警告人们棚屋市场崩溃即将来临，引起了阵阵哄堂大笑。

现实链接

现在，惨痛的事实告诉我们每个人，美国在房市泡沫膨胀和破灭的过程中体会到了喜悦和痛苦。因此，我们必须铭记危机曾经近在咫尺，而绝大部分经济学家、政府官员和金融评论家都没能预见到灾难的来临。

这就好像一场 5 级飓风已经距离迈阿密海岸仅十几公里了，气象学家却没有预报一样。主流的经济学家有多么愚蠢，似乎不需要更多的证据来证明了吧？

任何头脑清醒的人都能看出，2006 年的房价已经高得离谱了。人们对房价的估计与对自身负担能力的估计脱节了。所有的数字都不对劲。然而，经济学家却想出了一些莫名其妙的理论，似乎能解释房价上涨的原因。

但是，人们没有看透这些吵吵闹闹背后的真正目的。政治家想要用虚假的繁荣维持选民高涨的自信心，企业想让消费者花钱购买他们负担不起的产品和服务，有线新闻网想通过描绘太平盛世赢得高收视率，银行、按揭贷款发放机构以及房地产经纪人想继续赚取费用和利息。这些利益集团雇用了大批的人粉饰这个最大最丑陋的骗局。而且，令人吃惊的是，人们真的接受了他们的解释。

那么，我们现在终于学会实际一些了，对吗？大错特错。即便在按揭贷款市场崩盘以后，人们仍然不明白政府政策是如何影响房价的。小布什和奥巴马政府斥巨资扶持下跌的房地产市场。这意味着政府和美联储对房地产市场的投入比危机发生前投入得更多。但是人们依然没有认识到，这些措施是如何支撑房地产市场的价格，并让我们以后摔得更惨的。

第十五章

快了！快了！棚屋市场要崩溃了

HOW AN ECONOMY GROWS AND WHY IT CRASHES

谁也说不清棚屋市场到底是什么时候开始逆转的。也许是因为备受关注的火山全景单元房项目的失败。那个项目的设施齐全、空间宽敞，还有无与伦比的海景和火山景观，但是不知为什么没人愿意购买。

CRATER VIEW CONDOS
UNITS AVAILABLE!
OPEN HUT

曼尼是这个项目的主要担保人，项目失败后，开发商无法偿还工程贷款，曼尼受到了很大的打击。紧张的棚屋投资者看到火山全景单元房项目的损失后，开始仔细审视其他高风险的棚屋项目。一种明显的恐慌情绪蔓延开来。

很快，大小投资者都认为棚屋市场已经达到顶峰。不少人决定出售棚屋，赚取差价，等到更好的时机再投资。

但是有一个问题——所有人都同时想到了这一点。大多数棚屋所有者从一开始就没打算长期持有棚屋，所以棚屋市场刚一生变，所有人都想立即脱手。很快，岛上全是出售棚屋的人，却没人购买棚屋。这样一来，意想不到的结果出现了：棚屋价格不是逐渐下跌，而是直线下降。棚屋供大于求的现象很快演变为棚屋价格的大规模下跌。

想当年，只要拥有棚屋就可以轻而易举地赚钱，而如今卖棚屋却变成了赔本的买卖。由于棚屋价格不再上涨，棚屋净值不再增加，短期炒房也就无利可图。没有了利益的诱惑，过高的贷款额度成了无法承受的负担。

有些借款人本来买不起棚屋，他们希望通过棚屋的快速倒手获利或者得到“以小换大”的贷款，等到暂时处于低位的诱惑利率调高以后，这些人马上就无力承担棚屋贷款，局势变得更加复杂。由于棚屋的价值小于贷款的金额，人们都想从巨额贷款中脱身。那些零首付购买棚屋的人尤其如此。这些借款人前期没有任何资金保证，就算不偿还贷款，让银行收回棚屋也没什么损失。

由于越来越多的借款人拖欠还贷，曼尼贷款证券化业务很快宣告破产。久负盛名的曼尼遭受了巨大的损失，一蹶不振。很快，“两棚”也宣告破产。

因为消费者不再投资棚屋，其相关产业也陷入了困境。大批棚屋建筑工人、设计顾问、橱窗布置员和电器销售人员纷纷失业。

其他看似毫不相干的产业也受到了冲击。当初，“以小换大”贷款大行其道时，美索尼亚国驴车制造商大赚了一笔。那时，棚屋不断升值，岛民不费吹灰之力就赚得盆满钵满，买的车越来越大。在棚屋市场最繁荣的那些年，很多驴车都大到需要四五头驴来拉。（问题是，大多数的驴都要靠进口。）一旦棚屋市场无利可图，这些“草老虎”的销量也一落千丈，驴车公司相继破产。

小岛陷入了历史上最严重的一次经济危机。失业工人们走投无路，都聚集到参议院门前讨说法。

经济刺激援助计划

议长乔治·巴斯多年来一直不承认岛上的经济有问题，现在后知后觉的他终于开始着手解决问题。

他的顾问一致认为应该推出大胆的刺激政策，让人们重新开始消费，尤其是购买棚屋。议长并不理解为什么储蓄和生产能够促进经济增长，但他仍然决定推出大规模的援助和刺激计划。

“两棚”最先得到了援助。参议院接管了“两棚”，注入了大笔的鱼邦储备券以弥补损失。重组之后，“两棚”按照新管理层（即参议院）的意愿，向所有填写贷款申请表的人发放超低利率的棚屋贷款。

它们希望通过持续发放宽松信贷，提高市场对棚屋的需求，从而阻止棚屋价格继续下跌。

后来，由于这些政策没能挽回局面，巴斯叫来了所有的高级顾问，召开紧急会议。其中包括本·伯南柯，他曾向巴斯保证繁荣盛世会永远持续下去。

“我说，小伯。”巴斯用他标志性的平易近人的态度说道，“我让你给骗了。我以为经济是件很简单的事呢。你知道，他们流汗，

FISHY MACS
FINNIE MAE
UNDER NEW MANAGEMENT
STIMU-FISH

我们吃鱼，每个人都能有一两套棚屋！我们这回怎么才能让鲨鱼上钩呢？”

其他参议员都在苦苦思索他这句话的寓意。也许真有什么寓意吧。

“阁下，事情其实很简单。”新任首席会计师汉克·普兰克顿说道，“现在棚屋价格猛跌，人们觉得自己没有以前富裕了。因此，他们停止了消费。如果我们能把棚屋价格推高，人们自然就会开始消费。”

“太好了，小普。就知道你有高招。”巴斯说，“那怎么才能做到呢？有人负责吗？这工作听起来很酷。也许我可以让我的某个最大捐助人来干。”

“阁下，并没有那么简单。”普兰克顿说。“我们无法下令让棚屋价格回升。你知道，因为有我们的支持，‘两棚’在继续放贷。不幸的是，这还不够。人们还是不愿意贷款，也许是因为申请贷款的过程过于复杂。现在我们需要调低利率，减少棚屋

购置税。这样就会产生贷款需求，棚屋价格就会止跌，棚屋建筑工人也能回到工作岗位上去。”

普兰克顿继续解释他的计划：“我们还要保持曼尼的偿付能力。这家公司欠民众很多钱。如果它倒闭了，整个国家的经济也就完了。我们要保证曼尼所有的投资者都不会蒙受损失，否则我们都要忍饥挨饿，尤其是孩子们。”

故事引申

岛上最不需要的就是更多的棚屋。棚屋已经够多了，任何用于棚屋建设的资源和人力都是浪费。

同理，棚屋价格已经够高了。棚屋价格涨到如此令人咋舌的水平，是很多因素共同作用的结果，而这些因素已经一去不返了。要遏制棚屋价格下跌的趋势，就像阻止一座没有任何支撑的桥倒塌一样困难。

虽然很多岛民都因为棚屋价格下跌而惴惴不安，但是如果任由棚屋价格下跌，同时停止建造新的棚屋，反而对岛上的经济有好处，至少在真正的需求出现之前是这样。这样一来，人们就不会花那么多钱购买棚屋，而是把钱花在那些经济发展中缺乏的东西上，比如新企业可能只需要一头驴拉的驴车。原本用于建设棚屋的资源，比如竹子和绳子，也可以用于新的行业。

不幸的是，政府的干预阻碍了这种资源再分配。

“放心，小普，只要有我在，绝不会发生这种事。”巴斯回答说，“告诉他们，我们会出资纾困。我说，你以前不是在那家公司工作过吗？”

“是的，议长阁下。我以前是那家公司的总裁。但是我认为这和我们的对话无关。说实话，我很不喜欢你这种影射的说法。”

“咳，小普，我跟你开玩笑呢。”巴斯继续说，“好吧。咱们先抬高棚屋价格，让曼尼维持业务，然后我们怎么让人们再度开始消费呢？鱼从哪儿来？我的意思是，据我所知，渔业部遇到了点儿麻烦。这不就是他们拿着干草叉在外面示威的原因吗？”

“阁下，我们计划向人们发放新的鱼邦储备券。有了钱，人们就会开始消费了。”

“太酷了。但是我们去哪儿弄鱼呢？我们的技师不是已经没办法了吗？”

“阁下，中岛帝国人向我们做了新的承诺。他们愿意用10万条鱼买我们的自来水系统。”

“等一下。卖掉自来水系统？这会威胁到我们的国家安全！我要是把这样的东西卖给外国人，岛民们肯定饶不了我。不能让他们向我们提供贷款吗？”

经过数月的紧张谈判，巴斯的大使终于说服中岛帝国的代表，让他们明白美索尼亚国出于政治上的原因无法出售自来水系统。结果，中岛帝国颇不情愿地同意了一项10万条鱼的贷款。

“嘿，汉克。”得知喜讯后巴斯说，“好消息，我们拿到贷款了。只有一个问题，我们拿什么还贷呢？”

“阁下，我们只需要再印一堆鱼邦储备券就行了。不过这次，我们要用最好的纸。”

“嗯，如果他们不接受怎么办？不是已经有不少人对我们钞票的价值说三道四了吗？就像前几年的那个查克·小鼓一样。如果我们发行更多的钞票，他们不会开始抛售吗？”

“几乎不可能，阁下。你想一想，他们手里已经有很多钞票了。如果他们不接受，那些钞票只会更加贬值。他们现在只能任由我们摆布。要是情况有变，我们就提醒他们，我们还有‘强鱼政策’。”

“对啊，我都给忘了。有这个政策真好。我们是不是要全面出动，捕更多的鱼支撑我们的钞票？”

“不是的，阁下。”本·伯南柯插话说，“强鱼政策只是说说而已。我们实际上什么也不用做。我们只需要反复清楚而大声地强调‘强鱼政策’。另外，你在说这几个字时，攥紧拳头敲桌子效果会更好。”

“太对了，小伯，我在假装强硬上还是很有天赋的。圆满完成任务！走，冲浪去！”

现实链接

繁荣的房市对整个经济的影响至关重要。在房市繁荣的巅峰时期，房屋的融资、建设和装修成了美国经济的中流砥柱。然而，每个人都只看到了眼前的好运，却没注意到未来的损失。

不仅“炒房者”赚到了大量财富，普通房主们每年也通过“以小换大”贷款获得数千亿美元。如此一来，房产成了免税的自动提款机。人们用这些钱翻新房屋、度假、上大学以及买车和电子产品，总体生活水平比房屋升值前提高了。

但是，这些财富不过是海市蜃楼。

罗伯特·席勒在《非理性繁荣》（*Irrational Exuberance*）一书中写道，在1900~2000年这100年的时间里，美国的房价平均每年上涨3.4%（只比平均通货膨胀率略高）。这是相当合理的。物价与人们的购买力密切相关，这也是收入和信贷可得性的作用之一。

然而，1997~2006年，全美房价平均每年上涨19.4%，涨幅惊人。在此期间，收入却鲜有提高。那么人们是如何支付高昂的购房款的呢？这两个时期的区别在于信贷的多寡。后期美国政府制定了许多政策，贷款利率更低，获得贷款也更容易。但是信贷不会永远扩张，最终贷款条件会变得更严格。一旦信贷收缩，房价就不可能再升高了。

所以，房市达到巅峰时，多年来不断涌入经济体中的低息贷款停止了。即便在房市开始萧条之后没有其他的经济问题（实际上是有问题的），没有了那些自由现金流，经济也一定会萎缩。为了恢复经济平衡，经济衰退不是必需的，却是必要的。

但是，当经济开始收紧时，立法者和经济学家不仅不认为这一过程是多年来银根松动以及过度消费的结果，反而把它当作问题本身。换句话说，他们错把解药当作毒药。

小布什和奥巴马政府一直都鼓励消费者像房市崩溃之前那样消费。但是钱从哪儿来？如果失业率上升，收入和房价下降，消费者怎么会有这么多钱？

经济学家宣称，如果人们不能消费，政府就应该采取措施帮助他们消费。但是，政府也没有多少钱。政府所有的就是税收、贷款和自己印刷的货币。税金和借款只是将私营部门的花销或投资转嫁到政府头上，印制货币也会产生同样的效果。政府将新发行的货币投入流通领域，必然会抑制老百姓手中所持货币的购买力。

最近一次经济崩溃之后的几年，印制货币的做法带来了巨大的贸易逆差，达到了每年一万亿美元。幸运的是，我们依然能够在公开市场上出售大部分债务，当然主要是针对外国买家。但是，美国也采取了更简单（也更不坦诚）的方式避免损失，即通过美联储将相当一部分债务卖给了美国自己。

但是，美国不会一直拥有这样的“好运”。最终美国政府只有两个选择：拒绝还款（告诉债主美国没钱，并商议一个解决办法），或者通货膨胀（印钱来还债）。任何一个选择的后果都很严重。拒绝还款还有可能彻底清算从头来过，是相对较好的选择。不幸的是，虽然通货膨胀在经济上影响相对较差，但是在政治上有好处。

第十六章

情形怎么变得如此糟糕

HOW AN ECONOMY GROWS AND WHY IT CRASHES

虽然巴斯和普兰克顿推出了援助和刺激政策，美索尼亚国的经济在棚屋大萧条中还是持续恶化。奇怪的是，没人有购买棚屋的意愿。一些岛民认为刺激政策中的鱼不该用来消费，而是应该将它们储蓄起来。由于消费停滞，驴车公司都到了崩溃的边缘。棚得宝也破产了。失业问题愈加严重。岛上民怨沸腾。

因此，下一次大选至关重要。总议长候选人巴里·奥库达指责巴斯集团“国难当头，无所作为”。他揶揄说，巴斯的政策都是微不足道的折中政策。奥库达的竞选主题是变革，他承诺要让政府尽最大的努力挽救美索尼亚国的经济。

TRANSFORM

年轻的奥库达掌权以后改变了巴斯的政策，将刺激计划扩大为原来的三倍。他还设计了很多新的计划，将新印刷的鱼邦储备券注入市场。

他提高了政府为购买棚屋者提供的援助金额（开始时只有第一次购买棚屋者享有，后来“以小换大”的购买者也获得了资格），并再次调低了“两棚”的贷款利率。

他注意到冲浪学校的入学率大幅下降，于是增加了对学校的直接援助，并放宽了助学贷款的条件。

他还批准在背阴沼泽建造一座新的灯塔。工程师们指出这座灯塔毫无用处，奥库达告诉他们，建筑工程所提供的就业岗位本身就能对经济起到强大的促进作用。

奥库达还坚信有必要开发替代能源。他指出："社会太依赖驴子了。美洲驼更适合我们的气候和地貌。美洲驼不仅吃草少，而且步履更稳健，性情更温和，繁殖速度也比驴子快。更重要的是，美洲驼粪便的气味没有那么难闻。"

奥库达设想了一个多步骤的计划，用以改变经济状况。

第一，他将利用大规模的刺激政策，加快以美洲驼为基础的基础设施建设。为此，他号召设立一项美洲驼繁衍计划，由政府拨款。他还命令驴车生产厂家（现在由政府直接掌管）重新设计车子，以适应美洲驼的特点。另外，他要求在岛上所有的车道上面铺上一层适合美洲驼踩踏的土。

第二，奥库达想出了一个“驴车换鲤鱼”计划。政府提供优惠，鼓励人们上交“草老虎”，换取能效更高的车子。（这对中岛帝国人来说是个天大的喜讯，因为大部分的小型车都是他们制造的。）

奥库达和他在参议院的帮手南 · 莎洛西正准备花费新印刷出来的成堆的钞票，但他们忽略了一个小小的细节：美索尼亚国已经完全没有存鱼了。他们所计划的所有开销都要依靠外国的资金支持。

只有外国人愿意用实实在在的货物换取他们的纸币，美索尼亚人才能维持消费大于产出的生活。因此，他们的选择很简单：

1. 减少消费，用储蓄还债；

2. 增大产量，卖掉多余的货物还债；

3. 追加贷款，继续保持现有的消费水平。

在前两个选择中，美索尼亚人都要吃苦。要么努力工作，要么减少消费，再不然就是双管齐下。而第三种选择可以把一切痛苦转嫁给外国人。毫无疑问，参议员们勇敢地选择让外国人当替罪羊。通过这些措施，他们希望恢复消费支出，重新建立国内健康的经济环境。

故事引申

很多人想当然地认为，类似“驴车换鲤鱼”的计划具有正面影响，背阴沼泽建筑计划创造了就业岗位。这些方案确实增加了消费，创造了就业岗位，这是显而易见的。

但是，就像参议院出资的棚屋贷款一样，这些绝不是利用岛上资源的最有效的方式。实际上，这些活动都不能扩大产能。

人们看不到的是，由于稀有的劳动力和资源都用在了参议院认为比较重要的活动上，导致很多其他的就业岗位和本来可能形成的岗位受到损失。

通过反复的实验，市场的力量会找出使用这些投资资本的最佳方式。如果企业因为误读市场而蒙受损失，投资者就会及时抽身。如果企业顺应市场要求并获得利润，就会吸引更多的资金，从而扩大产能。

这些资源如果用于制作渔网、农业用具和独木舟，效果会更好。最成功的企业应该是在人们最需要的时候生产他们最需要的东西。然而，现在很明显人们已经不再相信自由市场，所有人都寄希望于一小撮人，希望他们能够为整个岛做决定。

但是，要记住，一国的经济不会因为人们的消费而增长，而是经济增长带动人们的消费。参议员们和顾问们都没能抓住这个真理。与此同时，大把大把的新钞票营造了经济有所好转的假象。

失业人员获悉，就业岗位在美索尼亚国迅速消失的同时，却在中岛帝国以同样的速度增加。原因在于中岛帝国买了很多鱼邦储备券，抬高了鱼邦储备券的价值，中岛帝国的产品就变得物美价廉，无法抗拒了。所以，奥库达和莎洛西公开要求中岛帝国少买些鱼邦储备券，令其贬值，从而使美索尼亚国的产品更有竞争力。

当然，没人想过鱼邦储备券是他们筹款的方式，中岛帝国如果减持鱼邦储备券，怎么还能把鱼借给他们，用以支持奥库达设想的消费计划呢？他们甚至不屑于思考这个问题。参议员们只想着借钱，却忘了总要有人可借才行。

一些岛民开始担心政府为了偿还债务而过度借贷。为了安抚民众的恐慌情绪，参议院对借款的上限进行了设定，他们称之为“债务屋顶”。这一合法的遮羞布使那些参议员可以两头获益。借款的硬上限会造成一个假象：人们以为参议院真的打算解决财政问题。但事实上，每当快要达到借款上限时，他们都可以随时抬高债务屋顶。尽管一些有责任感的议员会站出来阻止过度借贷，对不断提高债务最高上限持反对意见，可他们往往被歪曲为拒绝支付小岛账单的寄生虫，没有一丝责任感。奥库达向其他参议员保证，这个小岛的媒体对他们会唯命是从，可以依靠这些媒体来说服投资者们，使他们相信自始至终不负责任的做法其实很负责任。奥库达说得没错。极为讽刺的是，这个“债务屋顶”居然为参议院顶破债务屋顶提供了完美的掩护！

现实链接

两年后，几份GDP报告（这些报告本身也许并不可靠）少有地出现正增长态势，一些经济学家向我们宣布，经济大萧条结束了，真正的经济复苏马上就要开始了。但此时，失业率仍然处于历史最高点，待遇优厚的制造业岗位持续减少，而薪资低、技术门槛低的服务业岗位则不断增加，许多美国人听到这样的好消息，也许会大吃一惊吧。

实际上，这次经济危机已经促使经济恢复平衡，这个过程会很痛苦，而且远未结束。2009年，美国的存款率多年来首次升高，贸易逆差在飙升10年后也开始萎缩。但是，小布什和奥巴马政府的刺激计划结束了这一进程。美国人本该回到与生产力相称的生活水平上去，但他们的计划制造了更加巨大的债务，从而延缓了这个过程。

但是，在不久的将来，也许就在几年以后，巨大的债务终需偿还。从前那些繁荣的欧洲国家正中债务危机的子弹，到目前为止，美国还算成功地避开了这颗可怕的子弹。现在，美国暂时躲过一拳。不幸的是，美国的预算赤字年年增长，社会保障和医疗保险体系濒临崩溃（一部分原因是婴儿潮一代退休引起的人口结构上的变化），所以这一拳迟早会来，而且会更有力。

美国政府没有显示出任何解决该问题的意愿。它们从来没有考虑过大幅削减政府支出的可能性，更别说尝试那样做了。奥巴马总统刚上任时，他要求“逐句”审查三万亿美元的联邦预算，以找出“无用的开销”，但这不过是作秀而已。结果只是节省了微不足道的170亿美元，还不到整个预算的0.5%。而那些提倡削减预算的人也遭到了民主党和共和党的猛烈抨击。

如果美国政府不在财政上严于律己，美国的债权人（主要是中国和日本）迟早会要求美国那么做。债权人可以选择多种方式让美国就范，最有效的一招就是停止购买美国的国债。

目前，这些国家的处境与中岛帝国相似。一旦它们认识到不断向一个付不起账的顾客借钱是件浪费资源的事，就会改弦更张。那时它们就会把生产力集中到国内消费者身上，它们就能完全享受自己的劳动果实了。

目前，国际上要求金融改革的呼声高涨，这些国家虽然也怨言不断，但它们还是继续借钱给美国。但是，它们的忍耐是有限度的。

现在美国一半以上的政府债务都卖给了外国政府，如果它们拒绝继续购买，谁来买美国的国债？美国国内可用的储蓄少得可怜，美国人自己解决不了这个问题。

等到那一天到来，美国有两种选择：拒绝还款或通货膨胀。不论选哪一个，由于购买力下降和利率升高，美国人的生活水平都会急剧下降。

第十七章

缓兵之计

HOW AN ECONOMY GROWS AND WHY IT CRASHES

奥库达与莎洛西满心期待他们的各项新计划能为这座小岛带来极大繁荣，可此时海外接连发生的几件大事完全抢走了他们的风头。朱特尼亚群岛爆发了一次更加严重的棚屋崩溃风暴。那里孕育着悠久的历史与灿烂的文明，气候温和宜人，不远处就是以海上夜生活闻名的小鼓岛。于是一座座海滨度假棚屋拔地而起，棚屋建设和买卖的热潮吸引着四面八方的投资者，他们将大量的鱼投资在这里。随着鱼越来越多地涌入群岛，新的银行和投资基金也纷纷建立起来。用于度假棚屋建设的大部分鱼是通过几个投资方案筹集的，而这些方案都是基于金融巨头曼尼先生开创的那些投资模式设计的。建棚热带来的其他活动不断渗透到当地经济的各个方面，这就意味着朱特尼亚群岛的居民可以过上他们根本担负不起的奢侈生活。于是，这里成了吃空饷、悠闲生活以及提早退休的代名词。

BANK

但好景不长，美索尼亚的历史在这里重演了。朱特尼亚群岛的棚屋供过于求的问题终于演变为棚屋大萧条危机，此时那些野心勃勃的银行和投资基金陷入了严重的困境，许多投资者也仓促地撤出了现金。鉴于这些做法，朱特尼亚群岛的各类基金迅速跌至谷底，拥有此类资产的各大银行很快也面临着全面破产。于是，各岛政府忙不迭地从其他岛贷款，帮助本地银行摆脱困境。这样的做法总算解了燃眉之急，但很快，许多人意识到，朱特尼亚群岛的各级政府实际上对债务清偿问题也是一筹莫展，日子不比他们岌岌可危的银行好过到哪儿去。于是，一场银行业危机演变成了一场波及多岛的政府债务危机。

在这个紧急关头，一个名为IMF（岛际海上渔民组织）的跨洋机构仓促成立，并立即推出了一项计划。

IMF代表大洋上每个发达岛屿的利益，它从美索尼亚借来了数额巨大的鱼邦储备券（目前仍被视为最可靠的货币），并将这些储备券贷给举步维艰的朱特尼亚群岛各政府。IMF相信，在事态发展到无法收拾的地步之前遏制住这场棚屋危机，符合整个大洋的利益。

有了IMF提供的鱼邦储备券，朱特尼亚政府就能够兑现其向公民和外国债权人做出的承诺。那些已经退休的人得知不用再次工作，都松了一口气。他们中有许多人最近刚从冲浪学校毕业，满心期盼着能再一次过上那种慵懒、悠闲的慢节奏生活。

虽然IMF提供的紧急财政援助贷款的利息很低，朱特尼亚政府仍然需要用真鱼来偿还债务（其实他们连偿还本金的能力都不具备，但似乎根本没人在意这件事）。

尽管面临着来自IMF的巨大压力，朱特尼亚群岛各政府并没有推行任何行之有效的改革，结果就连利息的支付也成了巨大的负担。考虑到这里的政府腐败，百姓养尊处优，好吃懒做，他们会不断逃避自身的责任，IMF强制要求该群岛接受了一项“刚性”计划，其中包含提高税收以及减少政府支出等内容。这一计划遭到了当地居民的强烈抵制，他们觉得好像自己的岛屿被不怀好意的外岛人控制了。

而美索尼亚就要幸运得多。朱特尼亚群岛出现的诸多问题极大地分散了美索尼亚民众对国内矛盾的注意力。面对朱特尼亚的危机，整个大洋的投资者的反应都是：从该群岛撤出所有鱼，不再与这里的任何基金有任何瓜葛。很多人开始把存款转到鱼邦储备银行，毕竟这里一直是公认的规模最大、资金存储最充足的机构。事实上，美索尼亚的经济状况也是岌岌可危，甚至比许多岛屿还要糟糕，但这种状况似乎并没有给存款人带来多大困扰。实际上，美索尼亚能有惊无险地度过这次危机，完全仰仗该国令人钦佩的历史和持久稳定的声誉，人们始终相信该国银行是不会破产的。

奥库达将意外之财投入自己的部分危机后应急项目中。他要求失业的渔民也要承担还款的责任，增加了冲浪学校学生贷款的鱼的数额，并且极大地拓展了鱼邮票项目。

虽然有些人最担心的结果并未出现，但美索尼亚仍未脱离困境。鱼的数量已经不足，新公司也无法像过去那样不断涌现，工作岗位少得可怜，明显供不应求。仅存的一线希望来自冲浪学校，该校吸引着越来越多的生源，学费也在持续上涨。鉴于当前经济停滞不前的现状，岛上的很多人都对未来的种种不确定性忧心忡忡，于是采取了明智的做法：他们几乎苛刻地自我约束着，不断降低消费，重新储蓄。

但当人们降低消费时，商店和企业就不得不做出调整。随着待售的存货越积越多，许多商家只好大幅降价，以吸引广大顾客。但价格的持续走低，也就是人们所说的通鱼紧缩，开始成为伯南柯担心的主要问题。他认为，价格下跌是自弗兰基 · 迪普时代的大鲨鱼泛滥以来最危险的经济威胁，且不论当年还曾连续几年禁渔了。伯南柯指出，一旦老百姓认为自己想要的东西将来总会降价，他们就会一再推迟购买时间。从理论上讲，如果价格持续下跌，人们就有可能一直等下去，直到所有东西都免费白送。如果那种情况真的发生了，那所有的企业都会破产，全岛的经济会立即退回到网前时代（pre-net era）。

对此，他提出了一个名为“定量鱼券”的方案，这个独特的新方法旨在通过向经济中注入新的“鱼邦储备券”来刺激需求。但这个方案不是把钱直接送到老百姓手里（这样做看起来像是政府凭空创造出了许多鱼邦储备券一般），伯南柯提议通过曼尼的投资（尤其是那些针对破旧棚屋区改造的投资）注入这些鱼券，而曼尼的再融资基金随后便会展开自己的各项投资活动，以需求促进经济增长。一旦经济状况看似有所好转，人们就会开始消费，就好像一切真的好起来了一样。

消费会推动价格上涨，经济得以健康发展。错综复杂的融资渠道使经济本身看似逐渐好转。然而，参议院的某些议员却提出

质疑：这样一套人为系统是否具备长期的可行性？伯南柯向所有人保证说，这项计划只是临时性的。

这一方案最终被定名为“定量鱼券1号方案”，即QF1。该方案的推出备受推崇。华孚街（Wharf Street）再现昔日繁华，大批渔船来到这里，但这次船上堆满了钞票，而不是一堆堆腐烂的鱼。这些钞票直接送到了曼尼的办公室，这些钱要用来买进拖欠的棚屋贷款，重新投资岌岌可危的企业，为学生提供低价的贷款等等。于是，棚屋价格停止下跌，逐渐稳定，最终开始上涨。人们觉得比之前富足，于是开始消费，价格也开始上涨。一切都呈现出欣欣向荣的景象。

现实链接

从2010年起，全世界都将目光聚焦在一出慢动作戏剧上，这出戏就是将所谓“PIGS”（即葡萄牙、意大利、希腊和西班牙）国家卷入泥潭的债务危机。这些国家都有着阳光充足的地中海气候、璀璨富有的历史以及待遇丰厚的社会保障体系，除此之外，它们还都是欧盟成员，其负债水平也都远远超出本国经济的发展。尽管每个国家都面临着严峻的挑战，希腊却不幸成为这次危机的靶子。

就其经济状况的荒唐程度而言，希腊的确是个例外。据一份未经证实的财务报表（其中部分由美国投资银行高盛设计，该银行曾涉嫌金融欺诈）显示，希腊2001年获准进入欧元区，开始使用强劲稳健的欧元作为流通货币，作为回报，希腊要在欧元区严格的财政指导下发展经济。但是，南北欧之间政治独立与文化差异结合方式的大不同会导致严重的货币混乱局面，而那些一心想推行单一通货的设计师当时并未意识到这一点。

尽管希腊从2004~2006年的房地产建设热潮中获益不少，但到了2010年，一个事实却越来越清晰：这个国家已经无望偿还已有的债务，更没有可能兑现自己对公民的承诺了。希腊成了一个臭名昭著的国家，成了短期工作、长期罢工、提早退休、连续逃税的代名词。通常来说，一个国家沦落到希腊这样的地步，会通过否认债务或货币贬值来应对危机。但作为欧元区的一员，这些做法希腊一样也不能采用。

这一事件导致的政治与经济危机，使欧洲连年稳居全球经济新闻头条。这对美国来讲倒是幸事，欧洲的诸多问题对美国而言，无异于天赐良机。希腊首都雅典大街上游行的人群不仅是经济恶化的醒目标志，还使恐惧蔓延，令整个欧洲大陆深陷泥潭。这样的剧变使许多投资基金转而越过大西洋，去寻找更安全的避风港。于是，在美国经济亟须支撑之时，大量资金及时涌入美国。讽刺的是，许多经济学家对此的评论居然是，欧洲的问题已经成为美国经济的负担，然而实际上，这些问题带给美国的明明是一种福祉。

尽管希腊的经济状况远不能跟美国相提并论，但并不是整个欧洲大陆都不如美国。事实上，德国（毋庸置疑是推动整个欧元区发展的经济强国）的经济状况远好于美国，但欧元区至少得共同面对债务管理失控的困境。美国政府也要做出与欧盟类似的努力才行。虽然欧洲的政治联盟仍有待完善，至少该组织还没有为欧洲开出那一剂最危险的经济药方：量化宽松。

2008 年之前，量化宽松这一概念尚未普及，只有大学经济学系的学生听说过。而过去几年间，量化宽松已被越来越多的人视为影响股票、债券和房地产走势最重要的因素。尽管很多人知道美国依赖量化宽松，但很少有人真正看透其本质：向金融市场注入新的资金，以推动价格上涨。实际上，量化宽松不过是通货膨胀的一种委婉表达，它也成为美联储将政府债务货币化的隐秘手段。

但想用量化宽松政策来修复萎靡的经济，就好比企图用汽油去救火一样，汽油越多，火势就越旺。如果不知道汽油具有可燃性，你可能会得出这样的结论：火没扑灭是因为汽油的量不够大。要是这样的误解不消除，形势就会持续恶化，直到火势失去控制。

这不正是美国当前经济状况的真实写照么?!

正如本书前文所述，大多数经济学家认为，消费会促进经济增长。增加货币供应量固然会鼓励人们消费，但对扩大需求却毫无裨益，而需求才是促进经济增长的真正动力。

第十八章

占领华孚街

HOW AN ECONOMY GROWS AND WHY IT CRASHES

定量鱼券计划实施的头几个月，貌似取得了不错的成效，而此时，伯南柯却决定按照最初的规划逐渐停止这项计划。他认为定量鱼券计划已经达到既定目标：阻止价格下跌，使消费者重获信心，开始消费。然而，伯南柯未能考虑到经济反弹（其实不过是抬高棚屋价格和持有棚屋贷款的各项基金的价格而已）的整个过程如何建立在干预本身的基础之上。这座小岛越来越依赖定量鱼券，该计划一叫停，经济泡沫便开始破灭。导火索似乎并未点燃实体经济那根更笨重的木头，由于债务、通鱼膨胀以及政府花销等诸多问题，那根木头一直都太过潮湿了。

因此，当渔船满载着真鱼（而不是定量鱼券）开进华乎街时，恐慌便蔓延开来。曼尼棚屋基金的经理们不能再指望还有闲钱注入，只好相应缩减自己的投资。当各项基金停止发放新的棚屋贷款时，棚屋购买需求便一落千丈，价格也随之骤然下降。

WHARF ST
MANNY'S
FINANCIAL CENTER
NO
LOANS
QF1
QF1

此次经济下滑立刻引起了伯南柯的注意。他不甘心让此前施行的定量鱼券计划前功尽弃，于是敦促鱼邦储备银行推出新一轮定量鱼券，也就是后来人们熟知的“定量鱼券 2 号方案”。这一次发行的定量鱼券数量和 1 号方案等量。因此，一艘艘船又一次送来了鱼券，华孚街上的人们紧绷的神经总算放松下来，基金价格回升，棚屋市场再一次稳定下来。

伯南柯向每个人保证，这次计划和第一次一样，只是临时性的。但是，当第二次定量鱼券计划完成时，经济发展再度停滞。然而这次失败并没有让伯南柯重新评估自己的伟大想法。同时，

他也不希望人们完全看透自己，于是他提出了一项名为“压缩操作”(Operation Squish)的计划。这个计划不是简单地发行新鱼券，而是指导鱼邦储备银行将现有的短期贷款换为期限较长的新型贷款，从而延长还款期，让那些偿付高昂棚屋贷款非常吃力的人每月少还些钱。尽管较低的利息有助于缓和局势，可终归无法平息华孚街上不断高涨的呼声，那里的人们希望再来一波鱼券。

最终，伯南柯决定尽量满足市场需求。为避免经历极有可能十分尴尬的考验，他没有再次宣布实施临时计划，而是公布了一项开放式的定量鱼券计划。该计划将一直执行下去，直到那些永久性债务偿清之日为止。华孚街上沸腾了，这项被民众称为“无限期定量鱼券”计划的新项目，为人们带来了一个清晰的、可以预见的未来，当然还有大量的免费鱼。最重要的是，该计划以迅猛之势抬高了棚屋价格，曼尼那些原本脆弱的投资计划身价也上涨了。一些观察员强烈反对这一计划，那位坚定的怀疑论者派克 · 希夫先生便是其中一位。然而，岛上大多数著名经济学家的建议如出一辙，他们指出人们只需紧跟潮流即可。他们说：“浪打来时，聪明人是不会问问题的，他们只会紧紧抓住自己的滑板。”

正当华孚街大肆庆祝之时，岛上其他地方仍举步维艰。许多人注意到，官鱼变得越来越小（尽管不断有报道称通鱼膨胀已经结束），失业率仍然居高不下。选民们原本对奥库达期待很高。而今，人们对他承诺的变革再也不抱任何幻想了。

在很多心怀不满的人看来，华孚街置身经济阴霾之外是显失公平的。他们觉得，毕竟是曼尼及其同伴为人们提供了根本无力偿还的贷款，从而加速了经济的崩溃。许多人甚至怀疑曼尼曾使用不正当手段，强迫岛上居民购买他们根本不需要或不想要的棚屋。有人甚至断言银行家用催眠术诱骗了岛民。

但当棚屋价格暴跌时，华孚街上却没有一个人愿意承担责任。棚屋贷款基金得到了鱼邦储备银行和定量鱼券计划的救助。实际上，此时华孚街上的基金价格比以往任何时候都要高。为了抚平人们心头的愤怒，伯南柯称，曼尼和他的朋友们“对我们至关重要，绝不能置之不理”，小岛会利用所有的资源助力曼尼基金平稳着陆。华孚街的经纪人似乎从未经历过他们强加于别人身上的痛苦。

很快，一个由失业工人、心怀不满的棚屋购买者以及难以承受巨额助学贷款重压的年轻人组成的临时联盟去往各个码头，决心要像往常一样关闭企业。他们发起的“占领华孚街”运动激起了公众的想象力，成为后危机时代挫败的象征。

故事引申

那些愤怒的抗议者并未搞清楚，他们愤怒的矛头其实指错了对象。曼尼和他的下属不应该为这次混乱负责，该负责任的是巴斯、奥库达、格林芬和伯南柯这些人。要不是那些政客和银行家，华孚街上的融资者们早就顺理成章地被赶出华孚街了。尽管“占领华孚街”从未真正发展为政治运动，但政客们看到讨伐的双拳挥向了错误的方向，心中还是暗自窃喜。许多精明的参议员投票支持紧急援助，实际上是和那些抗议者站在同一战线上的。

经济复苏缓慢，令人们沮丧和困惑。在下次选举中，经济问题将成为选民关心的头等大事。与奥库达同台竞选的对手中，有位外表斯文、发型讲究的米奇 · 卢斐先生。起初，卢斐利用民众不断高涨的“反奥库达”情绪，略占上风，但由于其财力雄厚，而且担任过华孚街的执行官，再加上他对任何议题都没有一个坚定的立场，许多选民便对他失去信任，渐渐疏远。后来人们发现，他居然在一个外国的地下室里藏有私鱼，此时其候选人地位几乎不保了。

参与竞选的还有另一位候选人唐·佩奇博士，一名现任参议员。唐·佩奇称，奥库达和卢斐提出的方案大同小异。而小岛现在需要的就是重拾昔日创造辉煌时的理念：鱼的大小合理，政府有所节制，民众争相储蓄、努力工作，以及充分尊重第一代捕鱼者留下的规矩等等。只可惜，小岛的媒体过于迷恋几位领先的候选人散发出的明星魅力，没有精力去关注一匹黑马。

幸好唐·佩奇博士的儿子桑迪·佩奇博士在其父退休之后，也坐稳了参议员的位置。

由于两位人气候选人奥库达和卢斐的观点几乎没有实质性区别，于是，两个人身上的符号便成了民众瞩目的焦点。针对卢斐容易引发阶级不满情绪这一弱点，奥库达提议，富人阶层应该提高纳税额，这才是经济复兴的关键所在。尽管卢斐争辩说，政府支出会带来更大的危险，但其私藏的那成

堆成堆的鱼，使他很容易成为公众迁怒的对象。最终，连帅气的发型也救不了他了。

奥库达连任之后，参议院部分议员试图通过一些小举措削减政府支出。一些人甚至建议，要相应裁掉在背阴沼泽灯塔工作的员工（其实看上去没太大用处）。奥库达和莎洛西对此表示强烈反对。吉尔 · 格鲁曼教授（小岛上备受赞誉的经济学家）解释道，政府支出的使用远不及支出本身重要。他甚至建议，政府可以着手准备全面防范小鼓岛的新一轮入侵，借此推动经济的发展。而事实上小鼓岛目前一派安定，入侵一说根本就是捕风捉影。

但参议院最终还是避开了有关富人增税和政府支出的艰难决策，转而实施了一项名为“海洋探索者”的方案，包括适度增税以及政府支出随意“削减”等一系列措施。但是，该方案引发了民众的强烈抗议。格鲁曼本人指出，不管多大幅度的削减，都会导致“财政悬崖”的危险情形，即遭到削减的政府支出会抑制需求，使小岛陷入经济衰退的窘境。

同时，伯南柯开始警告人们，如果银行不发行更多的定量鱼券，价格将会面临全面下跌的危险。岛上的居民都不理解为什么价格下跌成了一个问题，如果生活必需品的价格下降了，人们不就能买更多自己需要的东西了吗？就连商人也希望物价下跌。成本下降了，他们就可以利用省出来的钱为顾客提供优惠，也能售出更多的商品。尽管这个道理看似简单，但伯南柯和格鲁曼却使人们相信，经济学是一门科学，只有受过多年学校教育的人才会明白其中的奥秘。此外，两人的胡须都相当迷人，这一点在民众心中是加分项。

不久之后，有人开始想，小岛要怎样才能恢复正常秩序？有人甚至直言不讳地指出：当前经济过于依赖定量鱼券。为了缓解民众的紧张情绪，伯南柯宣布，他可以利用“退出策略”这一绝招逐步结束定量鱼券的使命。但伯南柯内心明白自己不过是在虚张声势。他知道，没有了银行的支持，曼尼的基金会崩溃，棚屋市场会一蹶不振，政府也将丧失偿还债务的能力。但伯南柯是决然不会承认这一点的。于是，“退出策略”的谎言越编越长，直到他编不下去为止。随着时间流逝，他的预测越来越含糊，他的承诺也附带了更多条件。伯南柯延迟的窘迫局面越多，问题就变得越严重。

故事引申

在经济发展的迷茫期，收入的减少和对未来的恐惧会限制众多购物者的消费行为，此时，物价下跌会激起人们再次消费的欲望。所以，物价的确会对低迷的经济产生自然的刺激。在20世纪30年代的大萧条时期，物价暴跌。尽管许多现代经济学家认为，当时暴跌的物价是那场大萧条的诱因，而非其产物，但有一点毋庸置疑，那就是，当人们找不到工作时，生活必需品的价格下降至少会带给他们一些安慰。按照那些经济学家的说法，如果人们必须同时面对上升的失业率和上涨的物价，他们的日子能好过吗？

与20世纪30年代那场大萧条不同，在2008~2010年的经济衰退期，生活消费品的价格从未下降。考虑到当时的经济混乱是由人们对投机极度狂热所导致的，古典经济学本来可以预测到这场混乱过后会出现通货紧缩现象。但美联储宽松的货币政策，阻止了这种有益的经济衰退的发生。于是人们只能同时面对经济紧缩与通货膨胀两种困境。

但随着经济逐步回暖，棚屋与基金价格逐渐回升，参议院和那些经济学家们也宣布他们胜利了。人们普遍认为，伯南柯比他的历届前任都更足智多谋。

现实链接

遗憾的是，美国人的记性总是很差。过度的借款与支出导致房地产市场出现了投机泡沫，全美经济因此几乎崩溃，而似乎人们转头就忘了这些。到头来，美国人依旧欢迎那些政策以及更多同类政策，还指望它们将我们拉出经济衰退的泥淖。听上去，这样的计划当然比另一个方案（明显不讨好的选择：

消费不足、拒付债务、更高储蓄）更加容易。这就好比以毒攻毒的解酒方一样，以为宿醉之后最好的醒酒方法便是在清晨再来一口烈酒。但只要有酒鬼，这个借口就一直奏效。其实有时候，宿醉之后最好的解药就是一杯黑咖啡外加几片白吐司面包。

2008 年房市崩溃前夕，美国用巨额借款建设和售卖房屋，而实际上人们并没有那么大的需求。事实证明，这些钱用错了地方。正是由于我们把钱花在了不需要的东西上，所以才没有足够的钱来换取我们真正需要的，比如扩大工业基地。

政府并没有运用市场的影响力来调整泡沫经济，将其引向健康可行的轨道，成为能够持续有机增长的经济，而是一味使泡沫不断膨胀。经济崩溃后不久，政府借款数目超过了此前私营部门缩减的借款数目。

第一轮量化宽松政策于 2008 年年底和 2009 年实施。当时作为“一次性”计划，购买了大约两万亿美元债券，这些债券以住房抵押贷款和政府支持的机构作为担保。当时，许多“有毒”债券由那些最大的银行和投资基金持有，如果它们被迫在公开市场上倾售债券，其可能蒙受的损失会造成一片恐慌，市场也会随之瘫痪。若此时美联储主动介入，购买一些没人买的债券，市场就会如释重负。

然而，2010 年第一季度，美联储的购买量逐渐减少，股票市场很快抛售一空。这时，有些经济学家开始警告人们将会出现经济“二次衰退”（double dip recession）。同年 11 月，美联储又一次启动了量化宽松政策，包括更大手笔地购买国债，这一举措使得利率降到了历史最低点。但似乎没有人关心美联储的下一个更大举动——购买最大规模的国债。在经典术语中，这个过程叫作“债务货币化”。通常这一举动被视为一个国家在绝望之时所做的垂死挣扎。但在这一案例中，这个举动不过被视作促进经济复苏的正当手段而已。

在 2011 年第二季度和第三季度，当第二次量化宽松政策逐渐停止时，市场又一次出现好转的迹象。之后，美联储推出了“扭曲操作”（Operation Twist），即：将短期债务换作长期债务。这一计划失败后，美联储最终决定继续实施量化宽松政策，每月投入 850 亿美元，国债与抵押债券基本各占一半。

尽管长期实施量化宽松政策为股票市场带来诸多益处，也重新造就了房屋市场的繁荣，但这一政策对真正的经济发展却作用甚微。这就是为什么在股票与价格高涨的同时，失业率却始终居高不下，实际收入则陷入停滞。

美国最终付出的代价将是巨大的。到目前为止，美联储是国债与抵押债券最大的买家。只要这个债主停止购买，两个市场中必有一个会受到严重破坏。这种依赖情形意味着美联储一定不能破产。这也是为什么关于美联储“退出策略”的预测，会让步于手段更为温和的量化宽松“递减”策略。就连那些警告也逐渐温和起来。他们能做的所有事情，就是尽力迷惑市场，使其相信将会有真正的“退出策略”。最终他们的蒙蔽能力也会走到尽头。

真正的问题在于，当最后关头来临时，美国会有更多的债务要应对。美国的经济对于量化宽松已黔驴技穷，剩下的只有债台高筑的困境。

今天的经济学家需要看清量化宽松的真正面目：它是延长经济衰退的办法，而不是促进经济复兴的良方。经过多年的失败，他们需要试试新方法。

第十九章

无鱼不起浪

HOW AN ECONOMY GROWS AND WHY IT CRASHES

大洋彼岸，中岛帝国人对美索尼亚国参议员的计划却没有那么热心。工人们听说又要拿出很多真鱼购买鱼邦储备券，社会发生了一些动荡。

辛辛苦苦地工作，收入却很少，这让大多数中岛帝国人感到沮丧。因为他们的政府不能提供像美索尼亚国那样的社会保障系统，中岛帝国人通常都会存很多钱，这样才不至于无家可归或者老无所依。人人卖力工作，没人家里有驴子（更别说驴车了），而且几乎没人冲浪。即便他们去冲浪，也是四五个人共用一块冲浪板。

中岛帝国的国王也对现在的安排失去了兴趣，他对奥库达宣布的巨大的消费计划尤为不满。国王的顾问（多数都是阿里·格林芬的学生）开始担心如果中岛帝国停止购买鱼邦储备券，那么本国现有的储备就会贬值。这样一来，美索尼亚人就不会再向他们购买这么多货物了。

他们声称，如果没有美索尼亚国强劲的需求，中岛帝国的出口企业就会倒闭，继而出现失业、社会不满甚至抗议运动（在中岛帝国，抗议是不被允许的）。国王进退两难，只好维持现状，期盼出现转机。

一天，国王陷入沉思，他的经济顾问们也外出调研去了，一个普通的农民溜进了王宫，向忧心忡忡的国王进言。

“陛下，请恕我冒昧，但我听说您正被鱼的问题所困扰。也许我能帮上忙。”

“这是涉及贸易、储蓄、投资和计划的大问题。你能知道些什么？”国王大发雷霆。

“我的确所知甚少。”农民让步说，“但是我知道，在我的村子里人们除了木碗一无所有，我们就靠出口木碗为生。我们用木碗换来纸币，存起来养老。我们希望以后能用纸币买些东西，可惜现在已经没什么可买的了。我们出口木碗，但是我们自己却用不上木碗。我们还是把鱼放在地上吃，很不卫生。我们为什么不自己造碗自己用呢，这不是更简单吗？这样一来，我们就可以通过自己的劳动提高自己的生活水平。”

“荒谬。”国王说，“不出口产品，人民会饿死的。我们还怎么搞经济建设？”

“陛下，正如我所说的，我们善于做碗。在您的英明领导下，我们现在能捕获很多鱼，我们要做的就是在国内找到愿意用鱼换碗的人。这样一来，我们的产能就能在国内消化掉，人民会有更多的碗、更多的食物。”

国王有些疑惑不解：“等一下，美索尼亚国比我们富有得多。

我们的购买力怎么能比得上他们呢？他们能支付更高的价钱，他们有鱼邦储备券。”

“陛下，恕我愚昧，但是我看不出来我们为什么需要他们的钞票。没有我们的鱼和碗，那些钞票就没有价值。我们能制造产品，同样也能买得起它们。我们只需要不再把好处白白送人。”

不知何故，农民简单的话语居然给国王留下了深刻的印象。国王决定改变政策，不再购买鱼邦储备券。从现在开始，中岛帝国人交易时只接受真鱼！

因为国王不太喜欢农民所提倡的那种迅速转变，他决定逐步转变。

中岛帝国原本该天天送来的鱼来得越来越慢，情况发生了变化。

鱼邦储备券最大的买主中岛帝国减少购买量以后，鱼邦储备券供给过剩。供大于求时，价格就会下跌。鱼邦储备券持续贬值，没人愿意继续持有它。小鼓岛和狂舞岛也和中岛帝国一道，限制购买鱼邦储备券。卖主多，买主少，鱼邦储备券掉入了万丈深渊。

手里攥着大把大把不断贬值的钞票卖不出去，中岛帝国国王认识到事态的发展已经超出了他的掌控。他明白中岛帝国持有的鱼邦储备券很快就会一文不值，他告诫自己的子民咬紧牙关挺过这一关。在一次大会上，他向他们保证短期的痛苦很快就会换来长期的收益。

不出所料，中岛帝国储备的鱼邦储备券变成了一堆废纸。很多企业倒闭，经济陷入混乱。不过，正如那位农民所预见的那样，其他的企业很快就发展起来，利用闲置的产能制造中岛帝国人真正需要的东西。

和往常一样，中岛帝国人仍旧捕鱼、制造产品并继续储蓄，由于这些都是促进经济增长的重要因素，因此中岛帝国没有陷入经济危机。实际上，很多产品在国内销售，国人的储蓄也都存在

国内的银行里，中岛帝国的生活水平开始稳步提高。当地的工厂利用以前用于购买鱼邦储备券的储蓄购置设备以满足国内需求。为国内消费者生产的产品更多了，中岛帝国的商店里一下子摆满了商品，库存增多导致物价下跌。

正如那位农民所预料的，虽然损失了大把大把注定贬值的鱼邦储备券，但中岛帝国蓬勃发展起来。

视线回到美索尼亚国，事态的发展方向恰恰相反。目前只有很小型的捕鱼器还能用，银行的技师工作起来比以前更加拼命也更加有创意。官鱼的尺寸严重缩水，通鱼膨胀也卷土重来。

很快，官鱼就小得需要把50条或者100条捆成一捆。岛民每天需要吃200条鱼才能充饥。任何鱼邦储备券形式的存款都变得几乎一文不值。这就是所谓的恶性通鱼膨胀。

由于进口的中岛帝国产品越来越少，美索尼亚国零售商的库存都在减少。钞票贬值，商品稀缺，物价飞涨。

在一场混乱的公众宣传运动中，参议员们指责零售商“哄抬物价”。他们宣称，只要贪婪的商人同意由政府掌控产品和服务的价格，通鱼膨胀就会结束。但是，这些措施治标不治本，反而弄巧成拙。政府仅仅限制产品的售价，而且任由货币贬值，使得厂家和零售商都无利可图。因此，它们停止了交易，一个黑市产生了，那里的售价比法律规定的要高。

岛上居民感觉到鱼邦储备券出了问题，纷纷把剩下的积蓄存入海外银行保值，以免受参议院的剥削。

但是，参议员们注意到了这个趋势，制定法律禁止向海外转移存款。

所有人都害怕鱼缩水，因此根本没有人长期把鱼存在银行里。鱼捕上来，马上就被吃掉。就和经济发展之前一样，岛上没了储蓄，没了信贷，也没了投资。

参议员们也没想出什么好主意，他们又故技重施——研究起了下一个刺激计划。显然，以前刺激经济的举措都太微不足道了，下一轮刺激计划一定要更加庞大！然而，没人清楚用什么刺激经济。正当他们情绪低落时，远方出现了中岛帝国的货船，大家的心情一下子好了起来。

参议员们高兴坏了。他们向岛民保证说，中岛帝国人一定是认识到了自己的错误，后悔放弃了鱼邦储备券。现在，他们会再次把钱存入鱼邦储备银行。

然而，中岛帝国的货船靠岸后，发生的情况恰恰相反。

中岛帝国代表分头行动，推着满载着真鱼和鱼邦储备券的独轮手推车，分散到美索尼亚国的各个角落。他们见到东西就买下来，甚至是那些已经订购出去的货物。因为美索尼亚国已经没人拥有真鱼了，所以中岛帝国人的购买力比任何美索尼亚人都要强。

他们买下并分解了自来水系统设备，装到货船上。对于灯塔，他们也如法炮制。他们买走了所有的驴车、冲浪板、渔网、二手小鼓，甚至连巨型捕鱼器也没有放过。此外，他们还将闲置的公寓抢购一空，这样一来，中岛帝国的工人就拥有自己的度假棚屋了。

中岛帝国人进行一番疯狂购物之后就离开了，他们带走了所有值钱的东西，留下了他们积攒多年的鱼邦储备券。至少，这回美索尼亚人生火做饭有柴火烧了，不过能不能找到东西吃就是另一回事了。

参议员们研究了这个灾难性的结果，他们不明白究竟是哪里出了问题。他们促进了消费，可是为什么经济就是不增长呢？最后他们明白了。其实问题比他们想象的要简单得多。

面对急于知道答案的人们，奥库达说出了一个政治家所能想到的最真诚的话："还有谁知道怎么制作渔网吗？我想我们应该自己捕鱼了。"

现实链接

纵观历史，政府总是因为入不敷出而陷入困境。一旦这个差距扩大到一定程度，政府就要面临艰难的选择。

选项一，政府通过提高税收增加收入。这条路从来不受人民的欢迎，在一个民主国家中很难通过。即便在集权主义国家（那里没有烦人的选举），增加税收也会带来很多问题。高税率总是会抑制生产，降低经济活力。税率是有上限的。税率过高，人们就会停止工作。如果继续提高，就有可能发生暴乱。

削减政府支出这个选项要好得多。然而，这样做往往比提高税收更困难。利益受损的人可能会投反对票，或者到街上闹事，那些认为自己理应获得利益的人尤为明显。政客们为了赢得选举做出无数承诺，而选民们也从来不考虑纳税人能否为这些承诺埋单。

为了避免这两种在政治上不受欢迎的选择，一些政府选择拒绝还债。也就是直接告诉债权人，我们不能全额偿还。如果债权人都是外国人，这就是个很容易做出的选择。从政治上来说，与其增加税收并剥夺国人的利益，还不如失信于外国人。

对于政治领袖来说，拒不还债当然令人难堪，因为这相当于正式承认自己没有偿付能力。为了避免这一窘境，很多政客索性选择印刷钞票，引起通货膨胀，使债务贬值，等于换一种方式偿还债务。通货膨胀一向是最容易做出的选择，通常也是最后的选择。然而，选择这一方案虽然开始时好像很容易，最终却要付出最惨痛的代价。

政府可以利用通货膨胀避免艰难的抉择，还可以神不知鬼不觉地赖掉债务。政府可以通过加印钞票在名义上偿还债务，但是这样做的代价是本国货币的贬值。债权人收回了债务，可是却不值多少钱，如果碰上恶性通货膨胀，则会血本无归。

通货膨胀不过是把财富从以某种货币储蓄的人手中转移到以同种货币负债的人那里。如果遇到恶性通货膨胀，存款就会变得一文不值，负债却一笔勾销。（拥有固定资产的人情况会好一些，因为与以货币形式储蓄不同，固定资产的账面价值会暴涨。）这样的事情以前发生过不止一次：18 世纪 90 年代的法国，19 世纪 60 年代的美国南部邦联，20 世纪 20 年代的德国，20 世纪 40 年代的匈牙利，20 世纪七八十年代的阿根廷和巴西以及现在的津巴布韦。在所有的这些例子中，引发恶性通货膨胀以及随后的经济灾难的原因都惊人地相似。这些国家都是通过降低货币价值偿还巨额外债，结果，本国的人民陷入了赤贫之中。

现在的美国如果发生恶性通货膨胀，它必将成为有史以来“获此殊荣”的最大最发达的经济体。但是，这并不意味着这种情况不会发生。到目前为止，美元的储备货币地位一直是美国手中的王牌。也就是说，哪怕基本面再差，世界各国还是会接受美元。然而，一旦失去储备货币地位，美元的下场就会和其他已经崩溃的货币一样。

美国必须正视这些可能性，并在能够掌控自己的命运之前，及时悬崖勒马。

后 记

故事中，美索尼亚国的结局惨淡，但美国这个超级大国却未必是同样的命运。不幸的是，美国的领导人依旧推行消费计划，而且数额更加庞大，实际上正是类似的政策引起了金融危机。他们越是执迷不悟，最后的结局就越悲惨。

虽然用政府经济刺激计划应对资本主义的失败这一想法是凯恩斯首创的，但是直到艾伦 · 格林斯潘、乔治 · 布什、本 · 伯南克和巴拉克 · 奥巴马登上历史舞台以后，这一思想才开始成为体系。2002 年以前，我们从未见过如此庞大的联邦赤字（现在每年都超过 1.5 万亿美元），如此大规模地实行超低利率和操控信贷市场也是前所未有的。

虽然错误如此明显，但美国还是一错再错。

早在2002年，也就是充斥着大量不当投资的互联网经济时期，数百亿美元的资金涌入了毫无前途的公司，那时经济本来应该进入一个长期的衰退时期。但是新当选的乔治·布什不希望糟糕的经济环境影响他连任。所以，他和顾问们选择了凯恩斯主义的解决办法，政府支出和宽松信贷都达到了前所未有的规模。

因此，2002~2003年的这场经济危机是历史上最轻微的一次。但是，它的代价却是长期的沉重负担。这场危机结束时，美国经济失衡的现象比以前严重得多。按理说，这种情况本来不该出现。

我们期待实实在在的经济增长，结果却吹起了一个更大的资产泡沫（房市泡沫），只是暂时缓解了互联网泡沫破裂后的压力。不断上涨的房价带来了很多“好处”，于是人们就误以为那是经济健康的明证。但是，正如我们所看到的，所谓的强劲势头不过是海市蜃楼。

6年后，下一次危机发生了，但美国仍然没能从这些错误中学到任何东西，这才是真正的悲剧。政客和经济学家们不仅误判了2008年经济危机的起因，还开出了错误的药方，这些错误是很危险的。

金融危机发生数月以来，大家一致认为是因为缺乏足够的监管才会酿成苦果，在很大程度上忽视了政府和美联储的责任。结果，不该来的（财政支出和限制性规定）越来越多，该来的（储蓄和自由企业）越来越少。

华尔街的领袖们也很不负责任。大银行在经济繁荣的那几年赚取了惊人的利润，危机来临之后，它们本应该付出更大的代价。但是银行家的这些手段都是政府授意的。美国的领导人很不理智地鼓励购房，抑制储蓄，还很不理智地鼓励借贷。这些因素共同作用，破坏了市场。

美联储、联邦住房管理局、房利美、房地美（它们一直都是伪装下的政府机构）以及其他一些机构制定了许多政策。这些政策有利于房屋买卖，消除了制约信贷发放的因素。其结果就是形成了一个信贷和房地产泡沫，一个在破裂之前只能继续膨胀的泡沫。

人为造成的低利率（使经济显得很健康）激活了可调利率的按揭贷款市场，还催生了诱惑利率。诱惑利率使原本高不可攀的房子显得唾手可得。艾伦 · 格林斯潘本人也积极鼓励购房者参与进来。政府机构和政府资助的机构仅仅根据借款人偿付诱惑利率的能力就为其担保，从而进一步加剧了问题。没有它们的担保，大部分按揭贷款银行都不会提供贷款。

正如自由市场中的物价是由供求关系决定的，金融市场和房地产市场是由贪欲和担忧这一组对立的情感所支配的。然而，美国政府竭尽所能试图将担忧从这一等式中抹去。

因此，在2008年年初市场的力量正要戳破信贷和房产泡沫的时候，美国政府插手进来继续吹大这两个泡沫。美国政府先是援助贝尔斯登和美国国际集团，并为高盛和美国银行等华尔街公司担保。然后美国财政部推出了价值7 000亿美元的问题资产救助计划，购买私营部门不愿投入的住房抵押贷款资产。后来，美国政府又救助了为学生提供贷款的沙利美，并基本上接手了整个助学贷款市场。紧接着又救助了底特律的汽车生产商。

本应倒闭的公司又在政府的支持下站了起来，本应解放出来的资金和劳动力被困在了无效的经济活动中，无法发挥更高的经济效益。

房市泡沫破裂以后，消费者无法再那么轻松地赚钱，于是理智地停止了消费。作为应对，美国政府推出了7 000亿美元的巨额刺激计划。美国政府的这笔开销，是向美国民众的后代借来的。

靠着这笔钱，现在的美国人不用去过量入为出的拮据生活。

美国政府拒绝顺应市场的力量，不允许严格控制过度消费，不允许错误投资变现，不允许补充已经枯竭了的储蓄，不允许为资本投资提供资金，不允许帮助工人从服务业转移到制造业。如此一来，美国政府实际上是拒绝了良药，加重了病情。在此过程中，美国把各种各样的债务都转化成了政府债务，并且吹起了另一个泡沫，这次的主角是美国国债。

一旦这一药方没能使经济成功复苏，美联储便立刻调制出药效更强的药汤，那就是量化宽松。第一套方案（QE1）推出后，紧跟着便是第二套方案（QE2）、“扭曲操作”以及第三套方案（QE3），其中第三套方案就是当时人们所知的“无限量化宽松”政策。也就是说，如果一开始你没有成功，就原样重复一遍。如果还是不管用那就再做一遍，只不过动作幅度更大。如果你觉得这种描述让你感觉神经错乱，我想说，你的感觉没错！

不幸的是，这个新泡沫可能会比以往的资产泡沫都要大。这个泡沫终将破裂，必将引起物价和利率飞涨，其破坏力会比互联网泡沫和房地产泡沫加起来的威力还要大。

现在悬崖勒马还为时不晚。美国需要能勇敢地向选民坦白的领导人，也需要能够为经济复兴付出辛劳的选民。

多年以来，美国人一直入不敷出，现在他们必须下决心过量入为出的生活。如果能够做到这一点，并任由自由市场的力量发挥作用，他们就能重新平衡经济，为实实在在的发展打下基础。

然而，如果他们选择寄希望于借贷、印钞机以及政府承诺的毫无痛苦的解决办法，那他们都要回到徒手捕鱼的状态。

致 谢

本书的寓言模型借自《经济增长模式与停滞的原因》一书。该书出版于1985年，作者欧文 · A.希夫慷慨地把书中的理念传给了他的儿子们。

作者还要感谢布伦丹 · 利奇。他为本书创作了插图，迅速而富有创意，从视觉层面展现了我们的幽默感与我们对经济的看法。我们还要感谢欧洲太平洋资本公司（Euro Pacific Capital）的A. J. 范 · 斯莱克（A. J. Van Slyke），他为书中的材料提供了许多宝贵建议。最后我们还要感谢这些年来所有支持过我们父亲的人，谢谢你们的观点和信件。这些对他来说意义非凡。